PREMIER CONGRÈS JURIDIQUE

INTERNATIONAL DE T. S. F.

PREMIER

CONGRÈS JURIDIQUE

INTERNATIONAL DE T. S. F.

PARIS, *14-18 Avril 1925*

Organisé par les soins du Comité International de T. S. F.

101, Rue de Prony, PARIS

PARIS

ÉTIENNE CHIRON, ÉDITEUR

40, Rue de Seine, 40

1925

ORDRE DU JOUR :

1° Régime juridique des ondes. — Droits de l'émetteur et du récepteur. — Contrôle de l'État ;

2° Réglementation internationale des longueurs d'onde ;

3° La propriété artistique et littéraire et les émissions radiotéléphoniques. — Droits d'auteur. — Intérêts des artistes exécutants. — Droit de priorité d'exploitation des informations de presse, de finances et de publicité.

LISTE DES MEMBRES AYANT PRIS PART
AU CONGRÈS

ALLEMAGNE

M. Willy Hoffmann, avocat, 16, Hainstrasse, Leipzig.

M. Kraemers, 46, Heinheimerstrasse, Darmstadt.

ARGENTINE

M. Repetto, délégué du Radio-Club argentino, Galeria Guemes, Buenos-Ayres.

AUTRICHE

M. Fichel, ingénieur, rédacteur à la Radiowoche, 67, Grinzingerstrasse, Vienne.

M. Ladanye, rédacteur en chef du Radiowelt, 11, Rüdengasse, Vienne.

BELGIQUE

M. René Corteil, ingénieur, chef des Services radioélectriques du Ministère des Chemins de fer, Postes et Télégraphes, délégué de ce Département, Bruxelles.

M. Eeman, ancien président de la Cour d'appel mixte d'Alexandrie, 37, rue Joseph-II, Bruxelles.

M. Haccourt, délégué de l'Union des Radio-Clubs de Belgique, 100, rue Verpeckhaver, Bruxelles.

M. F. Landrien, avocat à la Cour de Bruxelles, magistrat honoraire, secrétaire général de l'Institut Belge de droit comparé, 14, rue Bosquet, Bruxelles.

M. Paul Quintin, avocat à la Cour de Bruxelles, ancien membre du Conseil de l'Ordre, 30, rue Capouillet, Bruxelles.

M. E. Vroonen, docteur en droit international, juge au tribunal de Bruxelles, 42, rue Royale-Sainte-Marie, Bruxelles.

BRÉSIL

Radio Sociedade de Rio de Janeiro, Povilhao Tchecoslovaco, avenue das Naçoes, Rio de Janeiro.

ESPAGNE

M. José Ma de GUILLEN-GARCIA, ingénieur, secrétaire de l'Association nationale de radiodiffusion et membre du Comité officiel espagnol de T. S. F., 4, avenida Principe Asturias, Barcelone.

ÉTATS-UNIS D'AMÉRIQUE

M. HIGHT, Roma, U. S. A.

M. MORRIS, ingénieur, 58, Frederica Atlanta, U. S. A.

FRANCE

M. AMIOT, 11, rue Lunain, Paris.

M. BARRIOL, 17, rue de Londres, Paris.

M. BELLUIN, ingénieur, 41 *bis*, boulevard Cot, Enghien.

M. BERCHE, 7, place Péreire, Paris.

M. BERNAERT, homme de lettres, 34, rue Lhomond, Paris.

M. BOURGET-AUBERTOT, avocat à la Cour de Paris, 100, rue de la Tour, Paris.

M. BRENOT, ingénieur, directeur de la Cⁱᵉ générale de T. S. F., 96, avenue des Ternes, Paris.

M. CARTAULT, avoué au Tribunal civil, 9, rue Roquépine, Paris.

M. Pierre CHAPELLE, vice-président de la Société des auteurs et compositeurs de musique, 10, rue Chaptal, Paris.

M. COLLET, rédacteur au *Petit Parisien*, 73, rue du Cardinal-Lemoine, Paris.

Comité central des armateurs, 73, boulevard Haussmann, Paris.

M. le docteur CORRET, 97, rue Royale, Versailles.

M. DAUCHEZ, 59, rue Bonaparte, Paris.

M. DAVID, 56, rue de Vaugirard, Paris.

M. DELOY, ingénieur, 55, boulevard Montboron, Nice.

M. DIEUSY, ancien bâtonnier du barreau de Rouen, 32, rue Saint-Nicolas, Rouen.

M. ÉTIENNE, 53, rue Réaumur, Paris.

M. FESQUET, professeur, rue du Jeu-de-Paume, Dunkerque.

M. HAMEL, professeur à la Faculté de droit de Strasbourg, 28, avenue de de la Paix, Strasbourg.

M. HÉMENT, ingénieur, délégué du Gouvernement général de l'Indo-Chine.

M. HOEN.

M. HOMBURG, avocat à la Cour de Paris, 101, rue de Prony, Paris.

M. Houssaye, administrateur-délégué de l'Agence Havas, 13, place de la Bourse, Paris.

M. Janas, 40, rue Bezout, Paris.

M. Joubert, président d'honneur de la Société des auteurs et compositeurs de musique, 10, rue Chaptal, Paris.

M. Kraemer, 30, rue de Grammont, Paris.

M. Leduc, ingénieur, 10, place des États-Unis, Montrouge.

M. Lot, avoué à la Cour de Paris, 93, rue des Petits-Champs, Paris.

M. L. Lumière, membre de l'Institut, 262, cours Gambetta, Lyon.

M. Maillard, avocat à la Cour de Paris, 258, boulevard Saint-Germain, Paris.

M. Michielsens, 37, passage Jouffroy, Paris.

M. Monizot, directeur de la T. S. F. moderne, 9, rue Castex, Paris.

M. Nicot, délégué de la Chambre syndicale des artistes musiciens, 16, rue Jacquemont, Paris.

M. Pinon, 2, route de l'Empereur, Rueil.

M. Quinet, ingénieur, 15, rue Hégésippe-Moreau, Paris.

M. Rooker, délégué de la Chambre de Commerce internationale, 33, rue Jean-Goujon, Paris.

M. Roussel, 12, rue Hoche, Juvisy.

M. Saudemont, avocat à la Cour de Paris, 125, boulevard du Montparnasse, Paris.

M. Sempé, délégué de la Chambre syndicale des artistes musiciens, 72, avenue Gambetta, Aulnay-sous-Bois.

M. Tabouis, secrétaire-trésorier du Syndicat professionnel des industries radioélectriques, secrétaire général de la Compagnie française de radiophonie et de la Compagnie générale de télégraphie sans fil, 79, boulevard Haussman, Paris.

M. Taillefer, avocat à la Cour de Paris, 215 bis, boulevard Saint-Germain, Paris.

M. Timmory, délégué de la Commission radiophonique intersociale des Sociétés d'auteurs, 12, rue Henner, Paris.

M. Tirman, conseiller d'État, président de la Commission interministérielle française de T. S. F., 22, rue de l'Yvette, Paris.

M. Vagué, 29, rue de La-Rochefoucauld, Paris.

M. Valmy-Baysse, délégué de la Société des gens de lettres, 6, place Constantin-Pecqueur, Paris.

M. de Valbreuze, président de la Société des amis de la T. S. F., 72, rue Boissière, Paris.

M. Verneaux, professeur de droit maritime, 71, rue Miromesnil, Paris.

M. VIDAL, président du Conseil d'administration de la Société des auteurs,
     10, rue Chaptal, Paris.
M. VOIBERT, 26, rue des Écoles, Paris.

GRANDE-BRETAGNE

M. EDMONDS, 21, Russelcroft Road, Welwyn Garden City Herts.
M. EPTON, 17, Chatsworth Road, Londres E 5.
M. EDWARDS, Fleetway House, Farrington Street, Londres.
M. HENNING, The Firs 11, Sydenham Hill, Londres.
M. HONAU, Delcais, Selwyn Road, New Malden, Surrey.
M. NEALS, délégué de l'agence Reuter, 13, place de la Bourse, Paris.
M. POCOCK, Wireless World, 139, Fleet Street, Londres.
M. TURNER, Experimental Wireless, Dorset House, Tudor Street,
     Londres E. C. 4.
M. WINKLER, 13, Lockharton Crescent, Edinburgh.

ITALIE

M. CAPITANI, avocat à la Cour de Cassation de Rome, secrétaire géné-
     ral de la Chambre de Commerce italienne et commissaire italien à
     la Chambre de Commerce internationale, délégué du Gouverne-
     ment italien, 37, rue Rousselet, Paris.
M. CLAUSETTI, avocat, 2, via Berchet, Milan.
M. ETTORE, Alzano Maggiore, Bergame.
M. GHERALDI, délégué de la Casa Musicale Sonzogno, 12, Pasquirolo,
     Milan.
M. PAGLIARI, 12-14, via Rinneo, Milan 19.
M. PAPPAFAVA, président de l'Ordre des avocats de Zara, Dalmatie.
Radio-Club italiano, 9, viale Maino, Milan.
M. SALOM, Palazzo Spinelli, S. Angelo, Venise.

JAPON

M. AKAMINE, secrétaire au Ministère des communications, délégué du
     Gouvernement japonais.
M. ARAKI, lieutenant de vaisseau, délégué du Gouvernement japonais.
M. KOBAYASHI, secrétaire de l'Ambassade du Japon, délégué du Gouver-
     nement japonais, 9, rue La-Pérouse, Paris.
M. NAGAOKA, secrétaire du Ministère des communications, délégué du
     Gouvernement japonais.
M. SUGIMURA, conseiller de l'Ambassade du Japon à Paris, membre du
     Comité de rédaction à la Conférence des ambassadeurs, 9, rue La-
     Pérouse, Paris, délégué du Gouvernement japonais.

M. Usami, secrétaire à l'Ambassade du Japon, délégué du gouvernement japonais, 9, rue La-Pérouse, Paris.

LUXEMBOURG

M. de Groote, rue de Berlaimont, Mons (Belgique).

MONACO

M. Jioffredy, avocat, adjoint au maire de Monaco, délégué du Gouvernement monégasque.

M. Lagouelle, conseiller d'État, directeur des études législatives de la Principauté, 5, rue des Giroflées, Monte-Carlo, délégué du Gouvernement monégasque.

NORVÈGE

M. S. Bentzon, conseiller de l'Ambassade de Norvège, délégué du Gouvernement norvégien, 38 *bis*, rue Fabert, Paris.

PAYS-BAS

M. Istrucker, 10, van Beverninck Str., La Haye.

M. Poggenbeek, délégué du Comité directeur de l'Association néerlandaise de radiotélégraphie, 98, Rozenburglaan, Rotterdam.

M. Veder, 187, Colombusstraat, La Haye.

PERSE

M. Hossein Hedjazi, ingénieur, conseiller technique au Ministère des Postes et Télégraphes, délégué du Gouvernement persan, 32, avenue de Neuilly, Neuilly-sur-Seine.

POLOGNE

M. Babski, professeur de physique, 22, III Budkiewicza, Grudziada, Pomor.

M. S. Odyniec, président du Comité intersociétaire des amateurs de T. S. F. et vice-président du Comité central des Associations radiotechniques polonaises, 20, rue Zielna, Varsovie.

M. Reichman, ingénieur, 19, Markalhowska, Varsovie.

M. Was, ingénieur, 27, Sta Krzyska, Varsovie.

SIAM

M. Pradere-Niquet, membre de la Commission de codification des lois

siamoises, conseiller à la délégation siamoise pour l'exécution des
traités de paix, délégué du Gouvernement siamois, 8, rue Greuze,
Paris.

SUÈDE

M. Hoyer, 9, rue La-Pérouse, Paris.
M. Svensson, 3?, Kronnudden, Vaxholm.

SUISSE

M. Jostedt, 81, rue Cote, Neufchâtel.
M. W. Merz, président central du Radio-Club suisse, Château de Bum-
plitz, Berne.
M. Privat, 2, chemin des Roches, Genève.
M. Welti, avoué, Bellevue, Sonnenquai, Zurich.
M. Wettstein, 29, Ramistrasse, Zurich.

TCHÉCO-SLOVAQUIE

M. Kucera, conseiller au Ministère des Postes et Télégraphes, à
Prague, délégué du Gouvernement tchéco-slovaque.
M. Linhart, directeur de la Croix-Rouge tchéco-slovaque.
M. Sulc, avocat, 37, Masarykova, Brno.

YOUGO-SLAVIE

M. Petrovitch, ingénieur, 22, Svetog Save, Belgrade.

COMPTE RENDU DES SÉANCES DU CONGRÈS

SÉANCE SOLENNELLE D'OUVERTURE

Mardi 14 avril 1925 (15 heures)

La séance solennelle d'ouverture du Congrès commence à 15 heures, à la Faculté des Sciences de Paris.

Elle a lieu en même temps que celle du premier Congrès international des amateurs de T. S. F., sous la présidence commune de M. Édouard Belin, ingénieur, président du Radio-Club de France, assisté de MM. le président Ecman, le général Ferrié, le conseiller Kucera, Hiram Maxim, président de l'American Radio-Relay League, Marcuse, le commandant Mesny, le conseiller Suginura, le conseiller Tirman.

Après une allocution de bienvenue, prononcée par M. le président Belin, M. le général Ferrié remercie tous ceux qui apportent à la T. S. F. le concours de leur travail, de leur talent ou de leur autorité.

Les délégués de la Belgique, du Canada, des États-Unis, de la Grande-Bretagne, de l'Italie, de la Pologne, de la Tchéco-Slovaquie viennent ensuite apporter au Congrès le salut de leurs gouvernements. Puis, MM. Timmory, secrétaire de la Commission radiophonique intersociale des Sociétés d'auteurs, et Joubert, président de la Société des auteurs et compositeurs de musique, disent ensuite tout l'intérêt que portent aux travaux du Comité et des Congrès les grandes associations qu'ils représentent.

Les deux Congrès se réunissent dans leurs salles respectives pour procéder à la discussion de l'ordre du jour.

PREMIÈRE SÉANCE

Mardi 14 avril (17 heures)

Composition du Bureau. — Règlement du Congrès.

La première séance du Congrès juridique international de T. S. F. est ouverte à 17 heures.

Avant qu'il soit procédé à la constitution du bureau du Congrès et passé à la discussion de l'ordre du jour, Mᵉ Homburg, avocat à la Cour de Paris et fondateur du Comité international de la T. S. F. prend la parole au nom du Conseil de direction du Comité.

Il remercie en quelques mots les congressistes d'avoir bien voulu apporter, par leur présence au Congrès, le témoignage personnel de l'intérêt qu'ils portent aux travaux du comité et il associe dans ses remerciements tous ceux qui ont apporté au début de l'œuvre entreprise, le concours de leur autorité et de leur talent.

Puis, sur son invitation, le Congrès procède à l'élection du Bureau.

Sont élus à l'unanimité :

Président	M. Tirman, conseiller d'État.
Vice-Présidents	MM. Bentzon, conseiller de l'ambassade de Norvège à Paris,
	Capitani, avocat à la Cour de Cassation de Rome, secrétaire général de la Chambre de commerce italienne et commissaire italien à la Chambre de commerce internationale.
	Eeman, ancien président de la Cour d'Appel mixte d'Alexandrie.
	Kucera, conseiller au Ministère des Postes et Télégraphes tchéco-slovaques.
	Sugimura, conseiller de l'ambassade du Japon à Paris, membre du Comité de rédaction à la Conférence des Ambassadeurs.
Rapporteur général.	M. R. Homburg, avocat à la Cour de Paris.
Secrétaire général.	M. Bourcet-Aubertot, avocat à la Cour de Paris.
Secrétaire.	M. Landrien, avocat à la Cour de Bruxelles, secrétaire général de l'Institut belge de Droit comparé.

Le Bureau se trouvant ainsi constitué, M. le Conseiller Tirman remercie le Congrès de l'avoir porté à la présidence de ses travaux.

Il rappelle ensuite aux congressistes quelle est la méthode de travail à adopter :

« Vous savez tous, Messieurs, que les solutions qui vous sont présentées aujourd'hui ne sont pas des solutions improvisées. Elles sont le fruit d'un travail de plusieurs mois, poursuivi au sein de nos Assemblées générales à Paris avec le concours des ressorts français et extérieurs du Comité.

« Comme vous le verrez, au cours de la discussion, nous nous sommes toujours efforcés de relier les principes que nous préconisons à des principes généraux déjà admis, afin d'éviter, dans la mesure du possible, des improvisations dangereuses.

« A un autre point de vue, vous savez quel est le but de notre œuvre : œuvre de préparation d'une législation internationale nouvelle, précédant l'action diplomatique et l'action législative des divers gouvernements, afin d'en assurer l'unité juridique. »

M. le Président donne ensuite la parole à M. Bourcet-Aubertot qui rappelle au Congrès que celui-ci, d'après les statuts du comité, est appelé à se prononcer sur le mode de votation.

Il propose le vote par État, chaque État représenté disposant d'une voix.

M. Sempé. — Au nom des artistes, j'ai l'honneur de proposer de voter par associations représentées.

M. le Président. — On aboutirait ainsi à l'anarchie. D'autre part, il faut conserver à nos travaux un caractère vraiment international et le vote qui doit clôturer vos délibérations ne saurait être influencé par le fait que certains intérêts auraient ici une représentation plus importante que d'autres. Seul le vote par État peut donner à cet égard la garantie d'impartialité qui est à la base de notre association.

Le Congrès procède à mains levées au vote sur la question de votation.

La proposition de M. le Président tendant à l'adoption dans le Congrès du Comité du vote par État est ratifiée à l'unanimité des voix, sauf deux abstentions.

La séance est levée à 18 h. 30.

SECONDE SÉANCE

du 15 avril 1925

Régime juridique des ondes.

La séance est ouverte sous la présidence de M. le conseiller Tirman.

M. LE PRÉSIDENT. — Messieurs, nous avons maintenant à discuter la question suivante « Régime juridique des ondes. Droit de l'émetteur. Contrôle de l'État ».

Je donne la parole à M. Eugène Vroonen, docteur en droit international, juge au Tribunal de première instance de Bruxelles.

M. VROONEN, *rapporteur*. — Pour déterminer le régime qui sera applicable aux ondes, il faut se demander quelle est la nature des ondes, et quel est le domaine dans lequel elles se meuvent.

La télégraphie et la téléphonie sans fil sont des procédés de télécommunication basés sur l'émission et les propriétés de propagation des *ondes hertziennes*.

Qu'est-ce qu'une onde?

Si l'on produit un ébranlement quelconque en un point d'un milieu élastique, l'équilibre se trouve rompu dans toutes les parties de ce milieu et les vibrations se transmettent de proche en proche. Les ondes sont les vibrations ainsi transmises. Les ondes hertziennes sont celles qui résultent de l'ébranlement électromagnétique.

Les actions électromagnétiques se propagent à une vitesse égale à celle des actions lumineuses; les deux phénomènes sont de même nature et dus, tous deux, à des vibrations d'un même milieu élastique, l'éther.

L'éther est un élément invisible, impalpable et impondérable, répandu partout, aussi bien dans le vide que dans l'intérieur des corps transparents et opaques et dont l'existence, longtemps hypothétique, semble avoir désormais revêtu tous les caractères de la certitude scientifique; sans lui, nombre de phénomènes physiques resteraient inexplicables.

L'éther est le milieu qui sert de support aux phénomènes radioélectriques; c'est à l'éther que l'on attribue le pouvoir propagateur des vibrations engendrées par les appareils de T. S. F. et qui portent le nom de vibrations électromagnétiques.

I. — Le Comité international de la T. S. F. propose de décider qu'*en principe l'éther est libre*.

L'éther est répandu dans l'espace : quel est le droit des particuliers sur l'espace qui domine leur propriété et le droit de l'État sur l'espace qui domine le sol national ?

Une première théorie est celle qui admet que le propriétaire du sol est, en même temps, propriétaire de l'espace situé au-dessus du fond.

Cette théorie prétend se baser sur le droit romain et sur beaucoup de législations modernes.

Mais on ne cite aucun passage qui, dans les sources du droit romain, affirme de manière bien explicite la propriété de l'espace aérien.

Et quant aux législations modernes, si le Code civil admet, en son article 552, que la propriété du sol emporte la propriété du dessus et du dessous, il paraît incontestable, à l'heure actuelle, que dans l'idée du législateur de 1804, il faut entendre par propriété du dessus uniquement celle des objets matériels plantés, construits, posés sur le sol. La place que cette disposition de loi occupe dans le Code civil ainsi que les applications qui en sont faites dans le texte même le prouvent suffisamment. Les travaux préparatoires l'indiquent également. Portalis, tout en admettant que le propriétaire du sol est le maître de tout l'espace que son domaine renferme, en conclut simplement que le propriétaire peut faire, au-dessus, toutes plantations et constructions (¹).

Beaucoup d'autres législations limitent de la même manière implicitement ou explicitement le droit du propriétaire du sol.

On n'admet donc plus guère que la propriété du sol entraîne celle de la propriété de l'espace qui le domine, sauf cette partie de l'espace qui a été l'objet d'une mainmise, d'une possession résultant, par exemple, de constructions ou d'édifices (²) : la loi protège la faculté qui est attribuée au propriétaire du fond d'utiliser cet espace pour des plantations ou des constructions.

C'est cette idée que l'on rencontre exprimée dans le Code civil allemand, dans le Code civil suisse et dans le Code civil du canton des Grisons (1863), qui admettent que la propriété du sol emporte celle du dessus et du dessous dans toute la hauteur et la profondeur *utiles à son exercice*.

Faut-il adopter cette théorie non seulement pour l'espace qui domine la propriété privée, mais aussi pour celui qui domine les États ? C'est-à-dire qu'il faudrait considérer comme soumis à la souveraineté de l'État

---

(¹) Portalis, *Discours, rapports et travaux inédits sur le C. C.*, p. 221.
(²) Voy. Naquet, Note au D. P. 1902, I, 217, sous Cass. fr. 15 juillet 1901.

l'espace depuis le sol jusqu'à la hauteur de ses plus hautes constructions.

Des théories de ce genre ont été soutenues par divers auteurs qui admettent l'existence d'une atmosphère territoriale, comme existe la mer territoriale.

Les partisans de cette idée indiquent arbitrairement des hauteurs de 1.000 à 1.500 mètres, par exemple, où la zone aérienne territoriale s'arrêterait (¹), ou bien lui fixent comme limite la hauteur des projectiles ou la portée de la vue (²).

Mais ce système a été rejeté par les auteurs les plus récents, parce que, appliqué à la navigation aérienne, il présenterait les plus grands inconvénients : que l'on adopte n'importe quelle variante du système, il serait souvent bien malaisé, en cas de guerre, pour les neutres survolés par les belligérants, de déterminer si ceux-ci ne se trouvent pas dans la zone territoriale et pour les aviateurs d'éviter toujours la zone territoriale. Et il serait à craindre qu'avec le progrès de l'aviation, la vie ne devienne insupportable pour les habitants de l'État sous-jacent.

Aussi a-t-on proposé un système suivant lequel l'espace appartiendrait à l'État.

Ce système aurait à coup sûr pour effet de permettre à l'État d'édicter toutes les interdictions utiles à sa sécurité. Cependant on fait à cette théorie *deux objections*.

L'État, dit-on, pourrait accaparer l'espace, s'en servir d'une manière peu conforme aux besoins sociaux et l'interdire aux particuliers (³).

Cette objection nous paraît peu sérieuse, car ne pourrait-on pas exprimer avec autant de vraisemblance la crainte que l'État n'accapare, pour ses services publics, les fleuves ou les routes ?

Et puis, l'on devra toujours admettre, même dans les théories de la liberté de l'espace que nous allons exposer, qu'il faudra toujours réserver à l'État sous-jacent, le droit de prendre les mesures nécessaires à sa conservation. Et l'État, sous prétexte de sécurité ou de sauvegarde, pourra abuser de ce droit de propriété qui lui sera reconnu.

Si cette objection ne nous convainc pas, il n'en est pas de même d'une objection théorique qui est faite au système de la souveraineté sur l'espace.

La voici : L'espace n'est plus susceptible d'une occupation ; l'aéros-

---

(¹) Fauchillé (1500), Rolland, Bonnefoy, Von Holtzendorff (*Handbuch v. Volkerrecht*, vol. II, p. 230) (100 m. à partir du point le plus élevé de l'État).
Despagnet, Mérignac, Oppenheim admettent la même idée, sans préciser.
(²) RIVIÈRE, *Droit des gens* (Paris, 1896), I., p. 140.
(³) LALANDE, *Circulation aérienne internationale* (1913), p. 32.

tal, s'il n'est plus le jouet de l'air, ne peut s'établir dans les airs en des endroits déterminés et s'y fixer d'une manière durable (1). L'homme n'y laisse aucune trace de son passage. De plus, l'espace n'est pas divisible entre les États : chaque partie en est inutile à l'un deux, l'ensemble est nécessaire à tous.

Or, le caractère de la propriété et de la souveraineté est d'être exclusif (2).

Tout cela est évident.

Nous ne voyons donc pas le moyen de justifier la théorie de la souveraineté et nous préférons celle de la liberté de l'espace et de l'éther qu'il contient.

Les principes juridiques sur la propriété de l'espace ne s'opposent donc pas à ce que n'importe qui possède un appareil émetteur ou un appareil récepteur et s'en serve.

Mais l'État, en vertu du droit de police, qui lui appartient, peut limiter ce droit, et, dans l'état actuel de la science, des restrictions considérables doivent encore être apportées au régime de liberté.

Voyons quelles devraient être ces restrictions.

II. — L'Institut de Droit international, à la session tenue à Gand en 1906, proclamait déjà la liberté de l'air. La seule restriction apportée à ce principe était celle-ci : « Les États n'ont sur l'air, en temps de paix et en temps de guerre, que les droits nécessaires à leur conservation. »

Le Comité international de T. S. F. propose d'apporter au principe de la liberté de l'éther les restrictions suivantes ;

1° L'utilisation qui sera faite de l'éther ne sera pas de nature à troubler l'ordre public ;

2° Elle ne fera pas obstacle à l'application des mesures propres à assurer la sauvegarde de la vie humaine sur mer ou dans les airs ;

3° Elle n'apportera aucune gêne à la liberté des communications, tant internes qu'internationales.

Pour exercer le contrôle qui lui appartient, en vertu de son droit de police, l'État soumettra-t-il à une autorisation préalable l'utilisation de n'importe quel appareil à radiations électriques ? ou imposera-t-il une simple déclaration préalable ?

C'est une question à trancher dans chaque État, suivant les circonstances.

Comment s'exercera le contrôle de l'État ?

Si l'État a en vue uniquement de favoriser les communications radio-

(1) FAUCHILLE, *Le domaine aérien*, p. 6.
(2) FAUCHILLE (*op. cit.*, p. 8). — D'HOOGHE, *Droit aérien*, p. 2.

électriques (¹), il devra réglementer en premier lieu l'usage des appareils.

Il ne permettra qu'à titre tout à fait exceptionnel l'usage d'appareils émetteurs ou transmetteurs ; ceux dont il autorisera l'installation devront offrir les garanties de constructions nécessaires, pour gêner le moins possible les autres émissions.

Quant aux appareils récepteurs, il interdira ceux qui, par la disposition spéciale de leur circuit et la puissance mise en jeu, seront susceptibles de nuire à la correspondance.

Outre le contrôle des appareils, l'autorité de l'État s'exercera encore, en donnant au pays une législation contenant les sanctions civiles et pénales suffisantes pour réprimer les abus commis au moyen de la T. S. F. Et, afin d'arriver à une solution pratique, il est indispensable que les États s'entendent pour adopter certaines règles identiques. Sinon ils risquent d'aboutir à un gâchis inextricable.

La loi tendra, en premier lieu, à empêcher, et les pouvoirs publics réprimeront, toute utilisation de l'éther qui serait de nature à troubler l'ordre public.

L'ordre public serait troublé si un abus de droit lésait la société dans son ensemble, plutôt que des personnes envisagées individuellement. Ce serait le cas, si des infractions à la loi pénale étaient impunément commises par l'intermédiaire de la T. S. F. ; si des agitateurs pouvaient, sans être inquiétés, tenter de soulever, par ce moyen, des mouvements populaires ou créer une agitation contre les pouvoirs établis ; si l'État tolérait des communications radioélectriques susceptibles d'amener des complications diplomatiques.

D'autre part, chargé de veiller à la sécurité sur son territoire, l'État devra imposer aux bâtiments maritimes et aériens portant son pavillon, l'obligation d'installer des appareils émetteurs de T. S. F. pour lancer, en cas de péril, des appels de détresse. Il faudra qu'il possède les appareils et le personnel suffisants pour les entendre, ainsi que les moyens voulus pour porter secours.

La loi interdira aussi, d'une façon absolue, aux particuliers, le brouillage. Cette interdiction n'aura pas seulement pour effet de permettre

___

(¹) La question de la sécurité des États pourra amener les Gouvernements, d'après les nécessités de chaque pays ou de l'époque, à interdire à certains habitants l'usage de tout appareil quelconque de T. S. F.

Peut-être y aurait-il lieu de combiner le texte voté par l'Institut de Droit international à sa session de Gand, en 1906, avec celui que propose le Comité international de T. S. F. Sans doute, si les États peuvent prendre les mesures de nature à maintenir l'ordre public, ils peuvent prendre aussi celles qui sont nécessaires à leur conservation. Mais le texte gagnerait, à mon avis, en clarté, si les deux réserves y étaient formulées.

l'audition des appels de détresse, elle aura pour effet de protéger la liberté des communications. Il ne peut être permis à quiconque de troubler les communications, si elles sont dommageables, le préjudicié pourra avoir recours aux moyens légaux pour obtenir réparation.

Les mesures qui, comme nous l'avons dit, doivent être prises par l'État, à l'occasion de l'installation des appareils appartenant aux particuliers, tendent également à assurer la liberté des communications.

Telles sont les restrictions à apporter au principe de la liberté de l'éther.

Je propose donc l'adoption du texte suivant (¹):

L'éther est libre. Toutefois l'utilisation qui en sera faite ne sera pas de nature à troubler l'ordre public. Elle ne fera pas obstacle à l'application des mesures propres à assurer la sauvegarde de la vie humaine. Elle n'apportera aucune gêne à la liberté des communications tant internes qu'internationales.

III. — Si l'émetteur peut librement se servir de l'éther sous les réserves signalées, quelle sera la base de son droit vis-à-vis des usagers ?

L'équité semblerait exiger que tout usager, tant privé que public, rémunère l'émetteur dans la mesure où il en obtient une satisfaction, un service ou une source de bénéfices.

Mais, *en théorie*, quelle base donner au droit de l'émetteur et à l'obligation de l'usager ?

Si l'éther est libre, l'émetteur doit-il être considéré comme propriétaire des ondes transportées ? Les sons ou les signaux émis demeurent-ils la propriété de l'émetteur jusqu'au moment où ils sont reçus par l'usager ?

Si on l'admet, la question est résolue ; mais, à première vue, il paraît douteux que l'émetteur puisse revendiquer cette propriété.

Aussi a-t-on songé, pour donner une base juridique au droit de l'émetteur, à l'action de *in rem verso*. D'après Baudry et Bardé (Obligation n° 2849ᵘ, p. 502), c'est celle par laquelle une personne réclame la restitution de l'enrichissement qui s'est produit à ses dépens et sans juste cause juridique dans le patrimoine d'autrui.

Ce droit n'est pas formulé en termes exprès dans le Code civil français, comme il l'est dans d'autres législations, par exemple le Code fédéral suisse (art. 70), le Code civil allemand (art. 812, al. 1), le Code japonais (art. 703).

Mais le Code civil français contient de nombreuses applications de

---

(¹) Sous réserve de l'observation faite précédemment en note.

cette règle « de morale et de justice naturelle », comme l'appelle Toullier. Par l'effet de la tradition et de la coutume, le principe est appliqué chaque fois qu'un fait licite quelconque de l'homme enrichit une personne au détriment d'une autre, sans que celle-ci ait eu l'intention de gratifier la première.

Mais si l'action de *in rem verso* est donnée dans la mesure de l'enrichissement, elle n'est toutefois qu'une sorte d'action en restitution et ne peut donc faire obtenir au demandeur plus que le montant de la perte subie. Celui qui a enrichi une personne ne pourra donc lui réclamer son enrichissement qu'à concurrence de l'appauvrissement qui en est résulté pour lui.

Voit-on une société commerciale se contenter de pareille rémunération ?

Aussi faudra-t-il que dans l'intérêt public et scientifique la loi reconnaisse à l'émetteur un droit nouveau qui permette à l'exploitant, d'une part, de réclamer sous forme d'abonnement, à l'usager public, la rémunération de son exploitation ; et, d'autre part, de s'opposer à toute utilisation commerciale de son émission qui aurait lieu sans son assentiment.

En pratique, l'émetteur ne pourra réclamer une rémunération qu'à l'usager public.

Sans doute, l'usager privé retire aussi un avantage de l'émission, cet avantage ne consistât-il qu'en un simple agrément.

Mais à quelles difficultés insurmontables se heurterait l'émetteur s'il fallait découvrir les usagers privés qui profitent des émissions.

On a proposé divers systèmes qui permettraient de remédier à cette situation.

L'État pourrait remettre à l'émetteur un tantième de la taxe perçue à charge des détenteurs d'appareils radioélectriques.

Mais l'émetteur ne saurait prétendre à une part de cette taxe que s'il démontrait que le possesseur de l'appareil jouit réellement de l'audition qu'il lui transmet. Et puis, comment l'État répartira-t-il le produit de la taxe entre les divers émetteurs qui opèrent sur son territoire ?

Il ne peut donc être question de remettre aux exploitants de postes de T. S. F. une part proportionnelle des taxes perçues à charge des usagers publics. La seule chose que les émetteurs puissent espérer de l'État, c'est un subside à raison des services rendus au public et au Trésor.

Quant aux usagers publics, ils ne pourront tirer profit d'une émission qu'après s'être entendus avec l'émetteur. A défaut d'entente, ils seront tenus de payer une indemnité, dans la mesure du profit qu'ils auront pu retirer de l'audition.

Nous nous rallions donc au texte suivant proposé par le Comité international de T. S. F. :

« Aucune exploitation lucrative d'une émission radioélectrique par une personne à laquelle cette émission n'est pas destinée ne peut avoir lieu sans indemnité. » (*Vifs applaudissements.*)

M. LE PRÉSIDENT. — Je me tourne vers notre rapporteur, M. Vroonen auquel j'adresse les remerciements du Congrès pour son remarquable rapport, et le prie de préciser sa pensée. Il a fait une réserve sur laquelle nous avons besoin d'explications. Pourrait-il nous indiquer les limites qu'il proposerait à cette liberté de l'éther ?

M. VROONEN, *rapporteur*. — Je voudrais que les États se réservassent le droit de prendre toutes les mesures qui seraient de nature à sauvegarder leur existence. Je n'ai pas encore rédigé de texte, mais c'est le sens.

M. LE PRÉSIDENT. — Ne pensez-vous pas que votre observation commande peut-être une précision ? Toutes les fois qu'un texte donne lieu à une observation de cet ordre, on peut dire qu'il n'est pas clair. Je tiens à signaler que ceux qui ont rédigé le texte qui nous est proposé étaient dans les dispositions d'esprit où vous vous trouvez à l'heure actuelle mais leur pensée n'a pas été assez exactement traduite. Je fais mon *mea culpa*, puisque j'ai participé aux travaux de rédaction !

Il me semble que l'on pourrait peut-être dire : « sous la condition que l'utilisation qui en sera faite ne soit pas de nature à troubler l'ordre public, la sûreté de l'État, ni sa sécurité ».

M. VROONEN, *rapporteur*. — C'est le principe que pose la loi belge, d'après laquelle : « Dans le cas où, pour l'ordre public, la sécurité et la « défense du territoire, le Gouvernement juge nécessaire... »

M. LE PRÉSIDENT. — Alors, nous pourrions mettre dans notre texte ces mots : « ... de nature à troubler l'ordre public, à compromettre la sûreté ou la défense des États ». Nous prenons le mot « sûreté » dans un sens général.

M. VROONEN, *rapporteur*. — Oui : « de nature, soit à troubler l'ordre public, soit à compromettre la sûreté de l'État ».

M. SUGIMURA. — Je partage la manière de voir de notre rapporteur. J'ai préparé un petit amendement qui serait ainsi conçu :

« L'éther est libre, sous la condition que l'utilisation qui en sera faite « ne soit pas de nature à troubler l'ordre public, à porter atteinte à la « sûreté de l'État ou aux exigences de la défense nationale. »

Seulement, je fais remarquer qu'il a été dit qu'il s'agissait ici de l'ordre international ; or, l'ordre public est une question d'ordre intérieur.

M. LE PRÉSIDENT. — M. Sugimura ne parle pas de la sûreté. Je crois qu'il faut dire :

« …de nature à compromettre la sûreté de l'État ou à porter atteinte
« à la défense nationale ».

Avec cette addition, voici le texte, tel qu'il serait amendé par M. Sugimura.

« L'éther est libre, sous condition que l'utilisation qui en sera faite
« ne soit pas de nature à troubler l'ordre public, à compromettre la
« sûreté de l'État ou à porter atteinte aux exigences de la défense
« nationale. »

Ce premier membre de phrase, ainsi amendé, est-il adopté?

M. CORTEIL. — Pourquoi met-on : « compromettre la sûreté de l'État et porter atteinte à la défense nationale » ? Il me semble qu'un seul verbe suffirait. « Porter atteinte » vaut mieux que « compromettre ».

M. LE PRÉSIDENT. — Nous dirions alors : « ne soit pas de nature à troubler l'ordre public, la sûreté de l'État… » Mais nous omettons les exigences de la défense nationale. La phrase ainsi rédigée est incomplète.

M. SUGIMURA. — Mon projet original disait : « porter atteinte aux exigences de la défense nationale ». Je crois que c'était net.

M. HOMBURG, *rapporteur général*. — Il faut envisager, d'une part, les difficultés d'ordre intérieur et, d'autre part, les dangers d'ordre extérieur.

M. BERCHE. — Ne pourrait-on pas dire :

« Sous réserve pour chaque État de prendre les mesures nécessaires
« à l'ordre public, à sa sécurité et à sa défense. »

M. LE PRÉSIDENT. — Nous travaillons ici sur un plan international. Nous préparons, nous l'espérons du moins, les éléments d'un instrument diplomatique international. Dans mon esprit, nous voudrions que les États prissent l'engagement mutuel de se garantir les uns vis-à-vis des autres, et qu'ils ne permissent pas d'établir sur leur territoire des postes d'émission qui pourraient lancer, à travers les frontières, des nouvelles ou des informations tendancieuses susceptibles de troubler l'ordre public dans l'État voisin. Vous voyez que ce n'est pas la même considération. Cela dépasse la pensée que chacun se défendra comme il pourra, en brouillant les ondes ; vous pourrez très difficilement empêcher des hommes de recevoir des ondes ; envoyées d'un pays qui nourrirait peut-être des intentions malveillantes. Ce que l'on peut désirer, c'est qu'une entente internationale se réalise, suivant le plan que nous concevons. Chaque État sera, au surplus, toujours libre de prendre chez lui des mesures spéciales ; un État pourra interdire, par exemple, les appareils de réception ; mais nous voulons préparer la voie à une conférence internationale future et je répète ce que je disais hier au représentant de la Chambre de Commerce internationale. En cette matière, nous agissons un peu comme la Chambre de Commerce internationale elle-même, dans le domaine économique. Elle prépare des éléments qui serviront ensuite à une conférence diplomatique. Nous sommes, en quelque sorte, les pionniers des conférences diplomatiques. Dans ces conditions, je crois qu'il n'est pas suffisant de réserver les droits de chaque État.

Nous disons que si l'éther est libre, il l'est sous certaines conditions et sous certaines restrictions. La première, c'est de ne pas jeter le trouble chez son voisin.

Nous plaçant à un point de vue aussi large que possible, nous proclamons la liberté de l'éther, mais aussi le respect des droits de chaque État dans cette liberté. Je crois qu'il faut insister sur ce point dès le début, parce que, à chaque paragraphe, nous retrouverons la même idée.

Ai-je bien traduit votre pensée? (*Approbation générale.*)

M. EEMAN. — Je crois qu'il n'est pas nécessaire de préciser les droits de l'État et que nous pouvons rester dans la généralité. Nous faisons très bien de poser le principe, parce qu'il est évident que si nous ouvrons la porte à une conférence entre nations, nous ne pouvons pas préjuger des règles admises dans les divers États. Il y a une opposition évidente, en fait, entre cette liberté et le droit souverain de chaque État de prendre toutes les mesures qu'il juge compatibles avec sa situation. Il faut donc laisser la porte ouverte, de façon que, lorsque les gouvernements se réuniront en conférence, ils puissent s'entendre et fixer en détail la manière dont ils appliqueront les principes d'une façon utile.

M. HONBURG, *rapporteur général.* — Je dois vous indiquer que le Congrès est saisi d'une proposition différente de la part du Gouvernement norvégien.

Voici cette proposition :

« L'éther se trouvant au-dessus des différents pays et de leurs colo- » nies, territoires de protectorat, appartient en commun à la nation.

« L'éther se trouvant au-dessus d'une autre nation... »

Il semble donc que du principe de liberté de l'éther, on puisse tirer des conséquences opposées à celles que nous en avons tirées, nous-mêmes et dire que, puisque l'éther libre à l'origine appartient en commun à tout le monde, il s'ensuit pour l'État le droit de s'en emparer, d'en faire un monopole, d'interdire, par conséquent, la propriété de l'éther aux individus, — ce qui se comprend, puisque l'éther n'est pas susceptible d'appropriation. Mais la thèse norvégienne va jusqu'à interdire aux individus l'exploitation de cet éther comme véhicule de transmission pour les ondes, de sorte que les particuliers n'ont droit ni à la propriété, ni à l'exploitation de l'éther!

M. LE PRÉSIDENT. — Ne pouvons-nous pas dire que chaque pays est maître chez lui et qu'il appartient à chaque pays de régler les rapports de la puissance publique et de l'individu comme il l'entend?

Je ne crois pas qu'un gouvernement puisse se soumettre, dans une conférence internationale, à des directives qui lui seraient tracées. Par conséquent, il appartient à chaque pays, comme l'a fait le Gouvernement français en 1923, de régler les conditions d'établissement des postes d'émission et les conditions dans lesquelles les postes de réception seront établis. Le Gouvernement français l'a fait dans un esprit très libéral pour les postes de réception, dans un sens un peu plus restrictif pour les postes d'émission, et dans un sens tout à fait limité pour les postes de grande diffusion. C'est la conception de l'État français ; l'État belge peut avoir une autre conception, l'État norvégien une autre.

J'estime que nous ne devons pas porter atteinte aux droits de chaque État, et alors, peut-être y a-t-il, dans les conclusions que nous formulons ici, une lacune. Peut-être pourrions-nous dire : il appartient à chaque État de réglementer nationalement. Et ceci dit, nous maintiendrions tous le surplus, c'est-à-dire les conventions internationales.

M. HOMBURG, *rapporteur général*. — Il faudrait bien préciser ce que l'on entend par « l'éther libre ». Cela peut s'entendre de diverses façons et cette expression peut aussi bien cadrer avec la théorie norvégienne qu'avec celle que vous exposiez tout à l'heure. L'éther est libre. Cela veut-il dire : liberté pour chaque État d'en faire ce qu'il veut, ou pour chaque individu d'en faire ce qu'il veut ?

M. LE PRÉSIDENT. — Je crois que nous devons distinguer le point de vue national et le point de vue international.

Au point de vue intérieur, nous disons que chaque pays est maître chez lui ; à lui de suivre la civilisation, et d'encourager le progrès comme il l'entend, ou, au contraire, de tourner le dos au progrès ; nous n'intervenons pas. Puis, nous plaçant au point de vue international, nous disons : vous, État, vous ne pouvez pas empêcher les ondes de passer sur votre territoire. Vous pouvez empêcher vos ressortissants d'écouter mais vous ne pouvez pas interdire le passage.

M. EEMAN. — Et le brouillage ?

M. BOURDET-AUBERTOT, *secrétaire général*. — Il y a une question de principe intéressante. Il semble que l'on se rejoigne dans le domaine pratique en partant de deux systèmes opposés.

Tout le monde est d'accord sur ce point qu'il faut une réglementation dans le propre intérêt de l'État, soit qu'on admette le principe de la liberté limitée par des restrictions dans l'intérêt général, soit qu'on estime que l'État seul est maître d'accorder aux particuliers des autorisations discrétionnaires, ce qui paraît exclure, au moins en ce qui concerne les individus, la notion de liberté. Dans le second cas, les individus n'auraient aucun droit en dehors de ceux qui seraient concédés par l'État auquel ils ressortissent. Il ne paraît y avoir intérêt à poser le principe que la liberté existe, même pour les individus ; c'est-à-dire que toutes les applications, toutes les utilisations de l'éther peuvent être faites, sous la seule réserve d'une réglementation édictée par chaque État.

M. LE PRÉSIDENT. — Il y a donc deux thèses en présence, et je crois qu'il faut que le Congrès se prononce.

Dans la première thèse, chaque État est face à face avec ses ressortissants. Il appartient à chaque État de régler les réserves plus ou moins grandes apportées aux droits de ses ressortissants. Voilà un premier système.

A ce système s'oppose l'autre : l'éther est libre; tout le monde doit pouvoir en disposer ; l'État peut seulement réglementer l'exercice de ce droit.

M. LANDRIEN. — ... Dans son intérêt, dont il reste seul juge, mais le principe, c'est la liberté absolue. Au fond, c'est la porte ouverte au progrès.

M. CORTEIL. — Il ne faut pas perdre de vue que la plupart des États ont proclamé, en fait, le monopole d'État pour la radio et je ne crois pas qu'il y ait un seul État qui voudrait s'en départir aujourd'hui.

M. HOMBURG. — Mais le monopole n'existe pas dans tous les pays. En Amérique, par exemple.

M. LE PRÉSIDENT. — Le régime français est la liberté absolue de réception, sous simple déclaration, et, pour les ressortissants étrangers, c'est le régime de la réciprocité diplomatique. Pour l'émission, il y a plusieurs catégories, notamment les postes d'amateurs et les postes scientifiques. Pour les postes d'amateurs et de diffusion scientifique, l'autorisation est donnée sous réserve de la limitation dans le temps, notamment pour le moment où l'on peut correspondre, de façon à ne pas gêner. C'est le cantonnement horaire.

Au contraire, pour les grands services, on a fait une concession, un peu précaire, révocable. Ainsi, un grand journal parisien s'est établi sans autorisation réelle ; on marche sous un régime de précarité qui est bien différent du régime américain.

Voilà le régime français actuel.

Si nous nous opposons au principe de la souveraineté de l'État, il faut bien nous dire que nous n'aboutirons à rien.

M. LANDRIEN. — Le principe général est : l'éther est libre. Puis, nous mettons point et virgule et nous disons : au point de vue national, chaque État prendra sur son territoire les mesures légales qu'il jugera utiles. Au point de vue international, la liberté est reconnue, sous les conditions suivantes, c'est-à-dire celles que nous avons spécifiées.

M. LE PRÉSIDENT. — Vous venez de poser le principe très nettement.

M. LANDRIEN. — Évidemment l'éther est libre.

M. LE PRÉSIDENT. — C'est un fait.

M. LANDRIEN. — Puis, on ajoute les correctifs.

M. VROONEN, *rapporteur*. — Je propose : « Sous réserve de prendre « les mesures indispensables à leur conservation, au respect de l'ordre « public national, international, à la sauvegarde de la vie humaine sur « mer ou dans les airs, de n'apporter aucune gêne à la liberté des com- « munications tant internes qu'internationales. »

M. LE PRÉSIDENT. — Je préfère la distinction établie par M. Landrien. Elle laisse l'État libre d'apprécier lui-même les mesures qu'il doit prendre. Puis, il y a la réglementation internationale qui, dans mon esprit, devrait être cristallisée dans des conventions internationales. Les États conviennent entre eux de leur liberté, s'interdisant mutuellement de se gêner. Ce serait comme un engagement moral des États contrac- tants d'autoriser leurs postes dans certaines conditions.

Voulez-vous relire votre texte ?

M. LANDRIEN. — Voici :

« L'éther est libre ; au point de vue national, chaque État prend, sur « son territoire, toutes les mesures légales qu'il entend... »

M. LE PRÉSIDENT. — Légales ou réglementaires ?

M. EEMAN. — Supprimons le mot « légales ».

M. HOMBURG, *rapporteur général*. — Je suis d'accord, en principe, avec M. Landrien ; mais comme nous sommes dans le domaine international, il semble que la préoccupation que nous devons avoir d'être internatio- nalistes avant tout, doive apparaître dès le début de notre article et que les réserves que nous faisons en ce qui concerne le droit pour chaque État de prendre, à l'intérieur de ses frontières, toutes les mesures qu'il voudra, doivent être indiquées comme de simples correctifs. De sorte que l'on pourrait rédiger l'article comme suit :

« L'éther est libre, sous la condition que l'utilisation qui en sera faite « ne soit pas de nature à troubler l'ordre public, ni ne fasse obstacle à « l'application des mesures propres à assurer la sauvegarde de la vie

« humaine sur mer ou dans les airs, ni n'apporte de gêne à la liberté des
« communications tant internes qu'internationales, sauf, pour les États,
« le droit de prendre telles ou telles mesures, etc. »

M. LE PRÉSIDENT. — ... ou encore : « sans préjudice du droit pour
« chaque État, etc. » (*Assentiment général*).

M. VROONEN, *rapporteur*. — C'est, en somme, le texte que j'avais proposé, à peu de chose près.

M. HOFFMANN. — Pourquoi parler du point de vue national ? Soulignons simplement le point de vue international.

M. LE PRÉSIDENT. — Nous pourrions mettre :

« L'usage de cette liberté ne peut être de nature à troubler l'ordre
« public, ni à faire obstacle à l'application des mesures, etc. »

En ce qui concerne la sauvegarde de la vie humaine sur mer et dans
les airs, ce point ne peut faire l'objet d'aucune discussion. Il faut que le
S. O. S. puisse passer, tout le temps et partout, « ... ni apporter de gêne
« à la liberté des communications tant internes qu'internationales ».

M. VROONEN, *rapporteur*. — Je propose de supprimer après « sauvegarde de la vie humaine » les mots « sur mer ou dans les airs ».

M. HOMBURG, *rapporteur général*. — Votre proposition se trouve d'ailleurs implicitement confirmée par un article du rapport norvégien, lequel
a trait à la sauvegarde de la vie humaine en cas d'incendie, par conséquent, il faut viser la sauvegarde de la vie humaine aussi bien sur terre
que sur mer et dans les airs.

M. LANDRIEN. — Soyons aussi larges que possible.

M. LE PRÉSIDENT. — Il n'y a qu'à supprimer les mots « sur mer ou dans
les airs » et mettre simplement : « la sauvegarde de la vie humaine ».

Je puis donc conclure de nos discussions que le rapport de M. Vroonen est adopté, avec le texte modifié suivant :

« 1° L'éther est libre.

« Sans préjudice du droit de réglementation qui appartient à chaque
« État, l'usage de cette liberté ne doit pas avoir pour effet de troubler
« l'ordre public, de porter atteinte à la sûreté des États, d'empêcher
« l'application des mesures propres à assurer la sauvegarde de la vie
« humaine ou d'apporter de gêne à la liberté des communications tant
« internes qu'internationales. »

M. LE PRÉSIDENT. — Nous abordons la deuxième question : voici le
texte proposé par le Comité :

« Aucune exploitation lucrative d'une émission par une personne à
« laquelle cette émission n'est pas destinée, ne peut avoir lieu sans
« indemnité. »

J'appelle votre attention sur cette proposition. Elle est d'importance.

Elle engage déjà, dans une certaine mesure, une question que nous retrouverons plus tard. Le principe de la propriété des émissions est posé au seuil de notre discussion.

M. le rapporteur, tout à l'heure, d'une façon très lumineuse, a rattaché le principe du droit de propriété aux principes du droit romain.

M. EEMAN. — Je ne suppose pas qu'il soit possible, si on cherche la base du droit de propriété des émetteurs, de la trouver dans la propriété même, parce qu'il n'y a pas d'analogie entre l'audition d'ondes électriques et, par exemple, la fourniture d'eau, de gaz, de courant électrique, etc. Ici, la chose reste la propriété ou le gage. Tandis qu'une fois que les ondes sont émises, elles sont dépensées, elles sont perdues pour l'émetteur. L'idée de propriété ne peut donc pas s'appliquer. Il semble que le seul principe sur lequel on puisse baser le droit des émetteurs soit celui de l'action de *in rem verso*.

Vous avez fait une observation à ce sujet dans votre rapport, mais je ne sais pas si elle est bien juste. Il faut, pour qu'il y ait lieu à l'action de *in rem verso*, qu'il y ait appauvrissement d'une part et enrichissement de l'autre.

Il y a enrichissement, c'est évident, de la part des postes publics; nous réserverons la question en ce qui concerne les postes privés. Mais on ne peut demander une indemnité aux postes publics que dans la mesure où celui qui a émis des ondes s'est appauvri. Quel est l'appauvrissement dont a souffert le poste d'émission qui a envoyé des ondes?

Si le poste de réception était honnête dans sa façon de procéder, il paierait l'abonnement réclamé par le poste d'émission.

Si un poste de réception se sert des ondes sans autorisation, le poste d'émission aurait le droit de réclamer au poste de réception ce que ce dernier aurait payé s'il s'était mis d'accord avec lui.

Ne croyez-vous pas que ce soit suffisant comme réparation?

M. LE PRÉSIDENT. — On a la prudence, dans le texte, de ne pas indiquer la base de ce droit.

M. BOURUET-AUBERTOT, *secrétaire général*. — La théorie de l'enrichissement sans cause est intéressante à l'heure actuelle dans l'intérêt de l'émetteur.

L'émetteur n'a pas de droit; il est désarmé. On peut se demander si la théorie de l'enrichissement sans cause ne lui permet pas de demander une indemnité à celui qui use de l'émission.

La théorie de l'enrichissement sans cause a été imaginée dans d'autres domaines. Seulement, on aboutit à cette difficulté que l'enrichi ne peut être tenu de payer une somme supérieure à l'appauvrissement de celui qui s'est appauvri à son profit. De sorte qu'une compagnie d'émission ne pourrait se faire rembourser que ses frais généraux, ou le prix de l'émission, ce qui, commercialement, serait insuffisant. Mais la question ne se pose pas de même, si nous reconnaissons un droit à l'émetteur, consacré par un texte indépendamment de la théorie de l'enrichissement sans cause. Nous aurions alors préparé une législation nouvelle répondant à un ordre de chose nouveau.

M. EEMAN. — Nous n'avons pas besoin dans notre texte de justifier la base sur laquelle repose le droit ; nous établissons un droit. Nous discutons, en ce moment, pour nous donner à nous-mêmes des raisons sur la nature du droit.

M. BOURUET-AUBERTOT, *secrétaire général*. — En se basant sur l'enrichissement sans cause, en l'absence de toute législation spéciale, il serait difficile de demander une indemnité à une maison qui aurait établi un haut parleur. Si on posait la question, je n'affirme pas qu'on gagnerait son procès devant un tribunal.

M. EEMAN. — En réalité, nous mettons les tribunaux dans une situation très délicate. Nous disons : une indemnité sera due. Quelle sera cette indemnité?

M. LE PRÉSIDENT. — Si vous prenez la législation britannique, vous direz : à l'appréciation du juge !

M. le bâtonnier DIEUSY. — Il y a bien des cas où le juge apprécie l'indemnité. Ce sera une question d'espèces.

M. VROONEN, *rapporteur*. — Je propose de dire :

« Aucune exploitation lucrative d'une émission par une personne à « laquelle cette émission n'est pas destinée ne peut avoir lieu sans « indemnité, dans la mesure du profit que cette personne aura pu retirer « de l'audition. »

M. LE PRÉSIDENT. — Le juge a toujours un très large pouvoir d'appréciation.

M. le bâtonnier DIEUSY. — C'est déjà beau de poser un principe qui est fort délicat par lui-même, parce qu'il y a beaucoup de propriétés qui se dispersent et que des tiers s'approprient. Par exemple, un café éclaire la rue; un café a un orchestre : les passants en profitent.

M. LE PRÉSIDENT. — Évidemment, on ne peut pas arrêter le monsieur qui passe devant un café brillamment éclairé pour lui faire payer une taxe, pas plus qu'on ne peut exiger de vous un paiement quelconque, parce que, vos fenêtres étant ouvertes, vous profitez du talent d'une cantatrice qui fait ses exercices de chant.

M. BOURUET-AUBERTOT, *secrétaire général*. — Il y a une différence à mon sens. Lorsqu'on profite, dans la rue, du brillant éclairage dispensé par un café, de l'orchestre qu'il entretient, il n'y a pas, de la part de celui qui en profite, exploitation lucrative.

M. le bâtonnier DIEUZY. — J'entends bien.

M. BOURVET-AUBERTOT. — Ces passants en profitent en tant que particuliers.

On ne peut pas installer des cordes et des chaises et faire payer les passants !

M. le bâtonnier DIEUZY. — Puisque nous descendons dans des détails qui sont très intéressants, puisqu'ils touchent à la propriété des ondes, je vais vous citer un autre cas. Vous parlez de l'exploitation lucrative ; voilà un café, un établissement public, une personne quelconque, qui fait entendre un concert. Je suppose qu'un barnum qui fait visiter la ville passe devant ce café, cet établissement public. Il peut arrêter son auto-car pour faire entendre le concert à ses clients. Il en tire bien un bénéfice. Allez-vous lui demander une rétribution quelconque ? Vous n'en avez pas le droit.

J'en arrive ainsi à vous montrer qu'il y a certaines choses qui, par leur essence même, sont insusceptibles de propriété.

M. VROONEN, *rapporteur*. — Vous pouvez toujours baisser vos stores ou fermer vos portes !

M. WELTI. — Nous sommes réunis dans un Congrès international. Il faut savoir si nous discutons des questions d'ordre juridique qui sont dans le domaine du droit civil privé ou du droit international. Si nous touchons cette question très intéressante qui, comme vous le disiez, est le prélude d'une autre question qui sera discutée vendredi prochain, je crois que nous devons d'abord déterminer sa nature pour préciser si, dans ce Congrès international, nous voulons discuter une question de droit civil privé ou de droit international.

M. LE PRÉSIDENT. — C'est sur le plan international que nous nous plaçons. Il est évident que nous formulons des principes lesquels, si nos vœux se réalisent, doivent trouver place dans les conventions internationales ; ces principes passeront ensuite dans le droit interne des États. Si nous voulons un exemple, nous ne visons pas seulement les émissions qui peuvent partir du poste de Sainte-Assise et qui sont reçues à Toulouse ; nous visons aussi bien les communications qui, émanant du Broadcasting de Londres, sont reçues en Norvège ou à Paris et qui peuvent ouvrir un droit à l'établissement émetteur. Si le Broadcasting anglais émet des concerts qui sont recueillis ici par des établissements qui en tirent bénéfice, soit par des paiements effectués à l'entrée, soit par des consommations prises dans ces établissements par le public attiré par les auditions, il y a exploitation lucrative d'une propriété qui est produite en dehors des frontières. C'est bien une question internationale.

M. EEMAN. — Et la Société de Londres aura une action grâce à ceci.

M. HOMBURG, *rapporteur général*. — Cette question, qui se rattache au programme même de notre Comité international de la T. S. F., comporte bien une partie du droit public et une autre qui appartient au droit privé. Les deux textes que l'on propose sont, l'un de droit privé, l'autre de droit public et, dans un projet de code international de la T. S. F., il est évident que ces deux articles seront disjoints.

M. WELTI. — Il faudrait ajouter un mot :

« Aucune exploitation lucrative d'une émission radioélectrique... »

Ceci pour préciser de quoi il s'agit.

M. LE PRÉSIDENT. — Il s'agit bien de cela, en effet, et il faut le préciser.

M. BOURUET-AUBERTOT, *secrétaire général*. — A un point de vue plus général, le texte proposé me paraît critiquable, il dit en effet :

« Aucune exploitation lucrative d'une émission par une personne à
« laquelle cette émission n'est pas destinée, etc. »

Est-ce que ce texte n'implique pas, par argumentation *a contrario*, qu'une personne à qui une émission n'est pas destinée peut faire une exploitation lucrative, sans que l'émetteur ait d'autre droit que celui de réclamer une indemnité ?

M. LE PRÉSIDENT. — Vous avez raison, c'est une situation qui existe.

M. BOURUET-AUBERTOT, *secrétaire général*. — L'émetteur ne peut empêcher la captation ; il peut simplement poursuivre en paiement d'indemnité. Je voudrais qu'il fût posé en principe que la personne à qui l'émission n'est pas destinée ne peut pas en faire une exploitation lucrative.

On pourrait dire :

« Aucune exploitation lucrative d'une émission ne peut avoir lieu sans
« une autorisation de l'émetteur. »

Parce que, pratiquement, l'émetteur subordonnera cette autorisation à un accord financier, un abonnement. Ce sera le but commercial poursuivi. On évitera ainsi le résultat, somme toute choquant, qui permet à un particulier, à un tiers, de capter une émission qui ne lui est pas destinée, malgré l'opposition de l'émetteur, en courant simplement le risque de payer une indemnité. La condamnation sera souvent plus avantageuse pour le récepteur auquel l'émission n'est pas destinée que le payement de l'abonnement.

M. EEMAN. — Il faudrait alors une sanction pénale. La Société refuse son acceptation ; le récepteur passe outre ; il y a dommage.

M. Bouruet-Aubertot, *secrétaire général*. — Je voudrais que l'on adoptât une motion analogue à celle qui existe pour les droits d'auteur. Lorsqu'un auteur s'oppose à l'exécution de son œuvre, l'exécutant n'est pas seulement passible d'une indemnité vis-à-vis de l'auteur; l'auteur peut interdire le spectacle.

M. le Président. — Cette idée a déjà trouvé son expression dans les articles 3 et 4 qui nous sont proposés, notamment l'article 4 :

« La transmission par radiophonie d'une œuvre intellectuelle, littéraire ou artistique, contre le gré ou à l'insu de l'auteur, est interdite comme tout autre mode de transmission ou de sa production. »

Plus loin, s'agissant des interprètes, on nous propose :

« 5° La transmission par radiophonie ou par tout autre mode de l'exécution d'une œuvre littéraire ou artistique ne peut être faite sans le consentement de l'interprète. »

M. Bouruet-Aubertot, *secrétaire général*. — L'avantage consisterait en ce que le principe de l'autorisation préalable serait posé.

M. le Président. — M. Bouruet-Aubertot propose donc de dire :

« Aucune exploitation lucrative d'une émission par une personne à « laquelle cette émission n'est pas destinée ne peut avoir lieu sans l'au- « torisation du poste émetteur. »

M. Landrien. — Ce n'est pas pratique. Quand vous voudrez donner une émission d'amateur, irez-vous empêcher les gens qui ont des postes récepteurs de l'entendre ? Mais si un poste émetteur fait des émissions, c'est pour qu'on l'entende. Si je veux entendre une émission faite en Amérique, vais-je demander l'autorisation ? Beaucoup de postes ne me répondront pas !

M. le bâtonnier Dieusy. — Abonnez-vous !

M. le Président. — Si vous êtes un particulier, vous pouvez recevoir beaucoup ; vous pouvez même organiser chez vous une sauterie en profitant du jazz-band émis par radiophonie et personne n'ira vous faire payer. Mais si vous êtes tenancier d'un établissement fréquenté par des gens riches qui bénéficieront des concerts entendus, vous devez vous abonner.

Il y a là une question que nous retrouverons toujours devant nous ; aujourd'hui c'est la propriété industrielle qui est en jeu ; demain, ce sera la propriété artistique : c'est toujours la même idée.

M. Vroonen, *rapporteur*. — Je disais que l'émetteur devrait autoriser l'exploitation de ses émissions et réclamer, sous forme d'abonnement, la rémunération de cette exploitation.

M. le Président. — Oui, il y aura des sociétés exploitantes comme pour le cinéma.

M. le bâtonnier DIEUSY. — Comme il en existe pour la propriété industrielle.

M. LE PRÉSIDENT. — Il faut en arriver là si nous voulons que le Broadcasting se développe. Nous sommes en présence d'un établissement qui a fait de gros frais pour établir un poste d'émission à grand rayonnement, pour avoir des artistes : il est juste qu'il rentre dans ses frais. On vous propose de décider que la réception de ces émissions ne pourra pas avoir lieu, dans un but lucratif, sans une entente avec le poste émetteur, sous peine d'une indemnité à payer à ce poste émetteur.

Est-ce que vous vous ralliez à ce principe ?

M. HOMBURG, *rapporteur général*. — Il serait peut-être bon, dans ce cas, de définir ce que l'on entend par « lucratif ». Est-ce que cela s'applique aussi aux réceptions par des postes privés ?

M. LE PRÉSIDENT. — Non, en général, une réception privée n'est pas lucrative.

M. LAGOUELLE. — Faire un acte lucratif, cela veut dire avoir l'habitude de faire des actes de commerce.

M. BOURUET-AUBERTOT. — On pourrait dire : aucune exploitation publique ou privée.

M. LE PRÉSIDENT. — Je crois qu'il vaut mieux mettre « exploitation commerciale ». Il faut faire attention que nous posons un droit nouveau et il ne faut pas qu'il y ait d'équivoque. Il n'est pas douteux que, dans l'esprit des rédacteurs de cet article, le mot lucratif envisageait un fait commercial.

M. EEMAN. — Je propose de maintenir ce mot qui est très clair.

M. HOMBURG, *rapporteur général*. — Nous allons plus loin avec le mot « lucratif » qu'avec le mot « commercial ».

M. LANDRIEN. — Je préférerais le mot « commercial ».

M. HOMBURG. — Ce mot aurait évidemment l'avantage de mettre fin à une discussion qui pourrait durer longtemps, sur la distinction à faire entre l'audition publique et l'audition privée.

M. LE PRÉSIDENT. — Alors, l'accord est fait. Nous dirons :

« Aucune exploitation commerciale d'une émission radioélectrique « par une personne à laquelle cette émission n'est pas destinée ne peut « avoir lieu sans autorisation de l'émetteur. »

M. WELTI. — Vous conservez le mot « radioélectrique » ?

M. LE PRÉSIDENT. — On vient de le proposer en séance, pour couvrir aussi bien les émissions radiotélégraphiques que les émissions radiotéléphoniques. Si vous recevez, par exemple, les cours de Bourse, qui se font par radiotélégraphie, vous devez vous abonner.

M. WELTI. — Pour les communications radiotélégraphiques, il n'y avait qu'à envisager les émissions bilatérales.

M. LE PRÉSIDENT. — Non, on peut très bien concevoir des postes de réception seulement. Avec le Broadcasting, des nouvelles de presse peuvent être transmises par T. S. F. et reçues par un journal.

M. CORTEIL. — Le mot « radioélectrique » couvre aussi un programme qui s'annonce, celui de la transmission des vues.

M. LE PRÉSIDENT. — Le progrès pourra nous conduire, demain, à transporter la force à distance. On en parle déjà.

Alors, nous sommes d'accord pour l'adoption de ce mot « radio-électrique » ? (*Assentiment unanime*). Nous ajoutons : sous peine de sanction, d'indemnité ?

M. JAMAS. — Je me demande s'il est utile d'indiquer la sanction. Faut-il la préciser ?

M. LE PRÉSIDENT. — Je crois que nous allons déjà très loin en créant un droit nouveau en cette matière. Véritablement je n'oserais pas parler encore d'amende, de prison, etc.

M. le bâtonnier DIEUSY. — C'est beaucoup demander aux législations nationales : la sanction dépend des États.

M. HOFFNAN. — Je me demande si cette rédaction n'est pas, justement, une indication disant qu'il ne peut pas y avoir de sanction pénale.

M. LE PRÉSIDENT. — Dans l'esprit des rédacteurs du texte, nous n'avons envisagé que l'action civile, mais il est évident que, plus on ira, plus les États seront sévères.

M. HOMBURG, *rapporteur général*. — Ce n'est pas à nous de prévoir la sanction : les États feront le nécessaire.

M. LE PRÉSIDENT. — Quand nous sommes aux articles 4 et 5, nous ne prévoyons pas de sanction.

M. BOURUET-AUBERTOT. — Il faudrait supprimer la fin de la phrase et s'arrêter à la déclaration de principe :

« ... ne peut avoir lieu sans entente préalable avec l'émetteur. »

M. LE PRÉSIDENT. — Alors, vous adopteriez le texte ainsi modifié ?

« Aucune exploitation commerciale d'une émission radioélectrique ne » peut avoir lieu sans entente avec l'émetteur. »

(*Approbation générale*).

M. EEMAN. — On a parlé des usagers privés tout à l'heure. Est-ce que le rapporteur estime qu'il y a lieu de compléter le texte sur ce point ?

M. VROONEN, *rapporteur*. — Non, parce que j'estime qu'il n'y a rien à faire pour les usagers privés.

M. EEMAN. — Ne pensez-vous pas qu'il y aurait tout de même un vœu à émettre ?

Les postes émetteurs sont dans des conditions extrêmement difficiles, avec des frais d'installation, d'amortissement de capital qui ne sont pas compensés par des recettes suffisantes. Il est incontestable que le principe que nous proclamons est aussi applicable vis-à-vis des usagers privés que des autres.

Faut-il concevoir l'enrichissement uniquement au point de vue pécuniaire, ou, comme dans l'article 1382 du Code civil français, faut-il envisager également une indemnité accordée pour un dommage moral ? En réalité, les usagers privés qui, chez eux, avec leurs appareils, reçoivent toutes les communications possibles sans bourse délier, font un acte qui, moralement, peut être répréhensible, mais, qui, certainement, leur permet de réaliser une économie. Au lieu d'entendre chez eux, tranquillement, sans frais, tel ou tel artiste, tel ou tel orchestre, ils seraient obligés d'aller au théâtre ou au concert. Ils peuvent, dans les mêmes conditions, entendre une conférence pour laquelle, autrement, ils seraient obligés de se déranger et de payer. Ils s'enrichissent, en fait, en ne dépensant pas.

M. LE PRÉSIDENT. — Je ne conteste pas la justesse de votre observation, mais je n'envisage pas la question au point de vue juridique, qui est un peu spécial. C'est une question qui touche au progrès même de la civilisation et je crois qu'il est intéressant, pour les États, de favoriser la diffusion de la pensée, de l'art et de la littérature, en permettant d'entendre des communications, sans imposer des restrictions tracassières.

Vous avez raison au point de vue principe ; mais je trouve que, dans cette matière, il faut envisager avant tout les bienfaits procurés par le progrès scientifique. Le progrès social est en marche ; je crois qu'il importe de ne pas lui barrer la route.

M. SAUDEMONT. — Si on se place au point de vue de certains postes émetteurs, comme celui des P. T. T., il est certain qu'ils ne peuvent continuer à vivre. Il y aurait peut-être intérêt à consacrer le droit de l'émetteur ou, tout au moins, le devoir, pour ceux qui ont des postes récepteurs, de participer aux frais.

M. LE PRÉSIDENT. — Je me suis efforcé surtout de faire une œuvre réaliste ; or vous proposez la formule du droit sans sanction. Je sais que l'État français, quand il a voulu réglementer les postes de T. S. F., avait d'abord pensé percevoir un droit très faible, de 10 francs. Il y a renoncé. Vous savez aussi le résultat de l'expérience qui a été faite en Grande-Bretagne. Une société de Broadcasting avait traité avec le Gouvernement dans des conditions telles qu'une taxe était perçue sur les appareils, sur les fabricants, sur les organes quelconques d'appareils et la moitié de la taxe devait être répartie entre le Gouvernement britannique et la société d'émission. Le Broadcasting n'a presque rien touché de ce chef !

Vous ne pouvez pas empêcher un monsieur d'avoir un poste de réception dans sa poche !

M. le bâtonnier DIEUSY. — Et puis, ce serait impraticable. Vous avez un appareil, ce n'est pas pour recevoir telle onde plutôt que telle autre. Il y a quantités de postes ! Vous allez m'obliger, un soir, à ne rien écouter, parce que, vous, émetteur, vous risquez de me faire entendre votre émission ? Mais je n'en sais rien. La radio, c'est l'oreille humaine qui s'est agrandie.

M. LE PRÉSIDENT. — Oui, il faudrait que, vous, poste récepteur, vous payiez autant d'abonnements que votre appareil permet de recevoir d'émissions.

M. BOURDET-AUBERTOT, *secrétaire général*. — La question a été réglée, en Allemagne, auprès des abonnés de l'agence d'information Europa-Radio, qui donne, à ses abonnés, des appareils réglés pour une longueur d'onde déterminée.

M. LE PRÉSIDENT. — Oui, mais actuellement le récepteur cherche à être maître de recevoir ce qu'il veut.

M. TABUIS. — Dans le poste d'amateur, il n'y a que les lampes et l'antenne comme organes essentiels qu'un particulier est toujours obligé d'acheter. Je crois que c'est là-dessus que l'on pourrait faire payer un droit, parce que l'amateur fait souvent son appareil lui-même.

M. LANDRIEN. — Il y a là des éléments de vœux qui pourront être utilement repris au cours des discussions ultérieures.

M. LE PRÉSIDENT. — Nous pouvons retenir ces questions pour en faire l'étude en vue du prochain Congrès. Mais procédons par étapes. Aujourd'hui, nous proclamons un droit nouveau : la propriété commerciale, la propriété industrielle du poste émetteur, c'est déjà beaucoup. Puis, nous pourrons, au prochain Congrès, apporter de nouvelles conclusions, s'il y a lieu.

L'ordre du jour étant épuisé, la séance est levée.

La séance est levée à 18 h. 10.

TROISIÈME SÉANCE

Jeudi 16 avril 1925 (14 h. 30)

Réglementation internationale des émissions.

Une séance commune avec le Congrès international des amateurs, a lieu, sous la présidence de M. Belin, pour l'étude de la question de la « Réglementation internationale des longueurs d'onde ».

M. Ogston expose aux Congrès les conclusions de la troisième Commission du Congrès des amateurs.

Cette Commission est d'avis que dans la limite des longueurs d'onde courtes accordées aux amateurs par les divers États, il soit procédé à la répartition suivante :

> Europe, 47-43.
> Canada, 43-41,5.
> États-Unis, 41-37,3.
> Le reste, 37,5-35.

Les autres longueurs d'onde devant être laissées libres pour les expériences.

Après une intervention de M. le conseiller Tirman, rappelant que les Congrès ne peuvent que formuler des suggestions et des vœux qui sont transmis comme tels aux administrations intéressées, et que les bandes d'ondes à réserver aux amateurs ne peuvent être prises qu'en dehors de celles qui sont nécessaires aux services publics, et de M. Kucera demandant que soit votée une résolution tendant à la convocation prochaine de la Conférence radiotélégraphique mondiale à Washington et diverses interventions de M. Corteil, les propositions de la troisième Commission des amateurs sont adoptées.

Puis le Congrès juridique du Comité international de la T. S. F. tient seul une séance particulière à 17 h. 10, sous la présidence de M. Tirman.

M. LE PRÉSIDENT. — Messieurs, comme vous le savez, nous avions à notre ordre du jour la réglementation des longueurs d'ondes.

Nous venons de collaborer, pour cette question, avec les amateurs, du point de vue juridique. Certains des membres de notre Comité ont déjà présenté des observations, des appréciations. D'autres ont fait des études et je voudrais que celles-ci ne fussent pas perdues pour le Congrès.

Je prierai donc M. Homburg de communiquer à nos collègues les observations, les suggestions, les rapports qui sont parvenus au Comité.

M. HOMBURG. — Le rapport le plus complet sur la question de la réglementation internationale des longueurs d'onde est celui de MM. Petersen, Skottum, Holmvang et Taranger, au nom du ressort norvégien du Comité. Il est établi dans les termes suivants :

PRINCIPES GÉNÉRAUX

§ 1. — Les ondes électromagnétiques sont transmises par la voie de l'éther.

§ 2. — L'éther se trouvant au-dessus des différents pays et de leurs colonies, territoires et protectorats, appartient en commun à la nation en question. L'éther se trouvant au-dessus des autres parties du globe appartient en commun à toutes les nations. Les individus comme tels n'ont aucun droit sur l'éther.

§ 3. — Les stations émettrices font radier les ondes électromagnétiques soit dans toutes les directions (émissions ordinaires), soit dans des directions déterminées (émissions dirigées).

§ 4. — Les stations réceptrices reçoivent les ondes électromagnétiques.

§ 5. — Dans l'état actuel de la radiotechnique, les moyens techniques d'éviter les perturbations réciproques entre émissions électromagnétiques sont très restreints.

§ 6. — Afin d'assurer l'efficacité maximum du service radioélectrique, tant national qu'international, les gouvernements des différents pays ont le devoir et le droit d'édicter les lois et règlements nécessaires pour réglementer le service (Monopole de l'État).

§ 7. — La réglementation du service radioélectrique doit être :

1° Nationale;

2° Internationale.

Vu le fait que les ondes électromagnétiques destinées à un service national ne s'arrêtent pas aux frontières du pays, les lois et règlements nationaux doivent être élaborés en tenant compte des communications internationales, et *vice versa*.

§ 8. — Des conférences internationales doivent fixer les principes généraux du service radioélectrique, en les codifiant dans des conventions avec règlements y annexés.

§ 9. — L'autonomie des différents pays doit être maintenue en ce qui concerne leur service radioélectrique national pour autant que ce service ne gêne ni le service international, ni le service d'aucun autre pays.

§ 10. — Les gouvernements des différents pays peuvent déléguer leur monopole relatif à l'utilisation de l'éther à des entreprises privées nationales placées sous le contrôle de l'État.

§ 11. — Tout service radioélectrique destiné au sauvetage de vies humaines en danger aura un droit de préférence absolu, et tout service radioélectrique destiné à la sauvegarde de vies humaines (par exemple celui relatif aux incendies, aux mesures de police, à la radiogonométrie) aura un droit de préférence.

§ 12. — Toute catégorie nouvelle de service radioélectrique ayant un intérêt général, soit national, soit international, sera reconnue et encouragée.

§ 13. — Aussitôt que les circonstances le permettent, il ne sera fait emploi que d'ondes caractérisées, de manière à permettre la meilleure utilisation possible de l'éther dans l'intérêt du service radioélectrique.

§ 14. — Des organes internationaux qui seront créés exerceront, sauf appel à des instances internationales supérieures, une autorité d'exécution et de contrôle en ce qui concerne la caractéristique des ondes employées.

CLASSIFICATION DES STATIONS ÉMETTRICES
ET DES SERVICES RADIOÉLECTRIQUES

§ 15. — Les stations émettrices peuvent être divisées en :
1° Stations fixes ;
2° Stations mobiles.

§ 16. — Les services radioélectriques peuvent être divisés en :
1° Services entre stations mobiles sur mer, sur terre ou en l'air (entre navire et navire, entre navire et aéroplane, etc.) ;

2° Services entre stations fixes et stations mobiles sur mer, sur terre ou en l'air (entre stations fixes et navire, aéroplane, aéronef, automobile, aux fins de la radiogonométrie, etc.) ;

3° Services entre stations fixes (nationaux, continentaux et transocéaniques) ;

4° Services unilatéraux effectués par des stations fixes ou mobiles (émission de signaux d'horaires, de renseignements météorologiques, d'avis aux navigateurs, d'informations de presse, de bourse et de marchés ; radiophares, émissions radiophoniques, etc. ; inclus les services radiophoniques faisant emploi de stations de relais établies soit par fil soit par radiophonie).

§ 17. — En outre, les services radioélectriques peuvent être divisés en :

1° Services militaires ;
2° Services civils;
a) Services publics;
b) Services privés ;
c) Services semi-publics,

LA CARACTÉRISTIQUE DES ONDES

§ 18. — Les ondes sont caractérisées par leurs
1° Type (amortissement) ;
2° Puissance ;
3° Constance de fréquence ;
4° Constance d'amplitude ;
5° Pureté en fait d'ondes de côté ;
6° Pureté en fait d'harmoniques ;
7° Longueur.

§ 19. — Les ondes peuvent être divisées d'après leur amortissement en :

1° Ondes entretenues (c. w.), modulées par :
a) Télégraphie manuelle ;
b) Télégraphie rapide.
2° Ondes entretenues modulées avec fréquence audible (i. c. w.) :
a) Harmoniquement; b) non harmoniquement (sinusoïdales); (au moyen d'interrupteurs mécaniques).
3° Ondes entretenues modulées par téléphonie (t. c. w.).
4° Ondes amorties (d).

§ 20. — 1° L'amortissement des ondes et, par conséquent, l'interférence nuisible y attenant progresse dans l'ordre ci-dessus indiqué. Au point de vue de la classification des ondes, les moyens par lesquels les ondes sont générées n'ont aucune importance ;

2° Le gouvernement de chaque pays doit s'engager à employer des ondes qui ne brouillent pas le service radioélectrique des autres pays, et le nombre d'ondes employé doit être restreint à celui qui est strictement nécessaire pour vider le trafic en question ;

3° Les ondes employées ne doivent pas occuper, dans l'éther, des gammes étendues de longueurs d'ondes. Pour cette raison, il est nécessaire qu'une réglementation tant nationale qu'internationale fixe le degré maximum de l'amortissement des ondes, et que des organes compétents mesurent et contrôlent, à ce point de vue, les ondes employées.

§ 21. — 1° Le gouvernement de chaque pays doit s'engager à veiller à ce que les stations émettrices n'emploient pas une puissance plus grande que celle qui est strictement nécessaire pour assurer un service efficace.

2° Le gouvernement de chaque pays doit fixer :

a) Soit la puissance à employer pour les stations émettrices respectivement été et hiver, jour et nuit ;

b) Soit une régulation discontinue de la puissance à employer d'après les besoins de la station ;

c) Soit une régulation continue de la puissance à employer d'après les besoins de la station.

3° Une réglementation internationale doit fixer le champ électromagnétique minimum dont les récepteurs doivent disposer pour les différents services radioélectriques (par exemple, une station de bord : 150 microvolts par mètre; un radiophare : 100 microvolts, par mètre, si l'onde employée est i. c. w. ou d., et 25 microvolts, par mètre, si l'onde employée est c. w.).

§ 22. — La variation de la fréquence des ondes ne doit pas excéder une limite fixe à déterminer d'après la classification des ondes (par exemple, ne doit pas excéder 0,1 0/00 pour ondes c. w.).

§ 23. — La variation de l'amplitude des ondes non amorties doit être aussi faible que possible.

§ 24. — 1° On doit veiller à ce que les ondes c. w. ne soient pas accompagnées d'harmoniques gênantes (par exemple, le courant des harmoniques mesuré à une distance de la station émettrice d'entre 1 et 10 longueurs d'ondes ne doit pas excéder 1/1 000 du courant de l'antenne).

2° On doit veiller à ce que toutes les stations émettrices d'ondes c. w., sans exception, soient équipées d'un circuit intermédiaire ou d'un autre moyen de filtration efficace.

§ 25. — 1° On doit veiller à ce que toute station émettrice nouvelle soit exemple d'ondes de côté causées par des moyens d'émission surannées ou techniquement peu perfectionnés et que les défauts constatés, à cet égard, chez les stations déjà existantes soient corrigés dans un délai raisonnable. Il va de soi que les harmoniques causées par la modulation des ondes entretenues telles que i. c. w., par les émissions radiophoniques et par la télégraphie rapide sont exceptées.

2° Les ondes de côté sont mesurées de la même manière que les harmoniques (Cf. § 24, 1).

§ 26. — 1° La longueur des ondes est d'une importance capitale (c. a.) pour :

a) Obtenir la portée optima parce que à chaque communication correspond une longueur d'ondes optima ;

b) Éviter l'interférence parce que chaque différence en longueur d'ondes écarte une interférence y correspondant ;

c) Mieux utiliser la puissance radioélectrique disponible ;

d) Assurer la stabilité et la sécurité d'exploitation du service radioélectrique.

2° Sont appelées : extra-courtes, les ondes de 0 à 100 mètres ; courtes, les ondes de 100 à 1.000 mètres ; moyennes, les ondes de 1.000 à 10.000 mètres ; longues, les ondes de 10.000 à 30.000 mètres.

LA DISTRIBUTION DES ONDES

§ 27. — Les ondes doivent être distribuées aux différents services radioélectriques et, le cas échéant, aux différents pays, de manière à obtenir que leur emploi rende la totalité du service radioélectrique aussi efficace que possible.

§ 28. — La distribution des ondes est effectuée en tenant compte (c. a.) :

1° Des communications radioélectriques déjà existantes qui seront respectées suivant les principes généraux du droit ;

2° Des données géographiques (comportant une étude approfondie du tracé des ondes) ;

3° De l'importance qu'il y a d'éviter l'interférence autant que possible ;

4° De l'importance qu'il y a de faire donner aux émissions radioélectriques le plus grand rendement technique possible ;

5° De l'importance qu'il y a d'assurer le fonctionnement régulier du service ;

6° Des considérations d'ordre économique qui se présentent tant au sujet des installations qu'au sujet de l'exploitation.

§ 29. — Tout service radioélectrique doit employer des ondes de la meilleure qualité qu'il soit possible d'obtenir en tenant compte des moyens financiers disponibles et des capitaux déjà investis.

§ 30. — L'étendue maximum de la gamme de fréquence doit être fixée par les différentes classes d'ondes. (Par exemple, 100 cycles pour stations télégraphiques employant c. w., 10.000 cycles pour stations radiophoniques lorsque la distance entre ces stations et la puissance de chaque station aura été fixée en conformité avec ladite étendue de la gamme, 20.000 cycles pour des stations situées dans des zones voisines convenablement déterminées, et 50.000 cycles pour des stations fonctionnant dans la même zone).

§ 31. — 1° Pour les communications radioélectriques fixes établies à l'intérieur d'un même pays, pour les services radioélectriques continentaux et transocéaniques, et pour les services radiophoniques il ne sera employé que des ondes c. w. de bonne qualité.

2° Toute tentative en vue de la suppression des stations à étincelles de toute espèce, des services à i. c. w. modulées non harmoniquement, des stations radiophoniques à couplage direct, à ondes de repos, et, en général, des systèmes à émissions de mauvaise qualité doit être encouragée. Les stations émettrices aussi bien que les stations réceptrices doivent être exhortées à employer des antennes dirigées.

3° Un délai raisonnable, permettant d'effectuer les reconstructions nécessaires, doit être accordé aux installations qui ne remplissent pas les conditions indiquées au premier alinéa.

4° En ce qui concerne les services radioélectriques autres que ceux indiqués au premier alinéa, l'emploi des ondes c. w. n'est pas de rigueur, mais il est à recommander que l'emploi en soit adopté aussitôt que les circonstances le permettront.

§ 32. — 1° Lorsque plusieurs services radioélectriques fonctionnent dans la même zone (les zones étant déterminées en tenant compte de la puissance de la station, etc.), la longueur des ondes employées par chaque service doit différer autant que possible afin d'écarter la possibilité d'interférence.

2° Les services radioélectriques fonctionnant dans des zones voisines peuvent employer des ondes dont la longueur diffère dans une mesure proportionnellement plus faible.

3° Les services radioélectriques fonctionnant dans des zones situées à une grande distance les unes des autres peuvent employer des ondes dont la longueur est à peu près ou même identiquement la même (multiplication des ondes).

4° Dans des zones où plusieurs services radioélectriques fonctionnent à la fois, l'emploi des ondes peut être réglementé au moyen d'horaires.

§ 33. — Les ondes sont distribuées en fixant :

1° Des ondes particulières garnies de gammes protectrices ;

2° Des gammes de longueurs d'ondes.

§ 34. — 1° Les ondes extra-courtes (de 0 à 100 mètres) ne doivent être distribuées que sous réserves (jusqu'à nouvel ordre, sauf pour un terme très court), etc.).

2° Les ondes extra-courtes peuvent être employées par tous les services radioélectriques et aux amateurs (communications de relais).

§ 35. — La gamme de longueur d'ondes entre 100 et 200 mètres doit être réservée aux amateurs conformément à des dispositions à prendre par le gouvernement de chaque pays.

§ 36. — La gamme de longueur d'ondes entre 200 et 525 mètres sera réservée exclusivement aux stations radiophoniques.

§ 37. — Les longueurs d'ondes de 300 à 450 mètres ne seront plus à la disposition des stations de bord et des stations radiogoniométriques. Un délai raisonnable, permettant auxdites stations d'effectuer les changement nécessaires, doit être accordé; une gamme de longueurs d'ondes, à la place des ondes dont l'emploi leur est enlevé, leur doit être réservée (Cf. § 38, 3).

§ 38. — 1° La longueur d'ondes de 600 mètres doit être protégée, et personne ne pourra, par conséquent, employer des ondes entre 525 et 700 mètres.

2° La longueur d'ondes de 600 mètres continuera à être réservée aux signaux de détresse et aux appels des stations de bord de toutes les nations; elle sera, en outre, réservée à la radiogoniométrie.

3° A la place des ondes de 300 et de 450 mètres, les stations de bord doivent obtenir la gamme de longueurs d'ondes de 700 à 900 mètres, laquelle ne sera, par conséquent, employée à aucun autre service radioélectrique.

§ 39. — Les services radioélectriques continentaux et transocéaniques obtiendront une longueur d'ondes fixée d'après le principe des ondes particulières mentionné au § 32. Chaque communication obtiendra la paire d'ondes nécessaires (fonctionnement duplex), ces ondes seront protégées.

§ 40. — Les services radioélectriques continentaux doivent, de préférence, employer des ondes situées dans la gamme de 900 à 10.000 mètres.

§ 41. — Les services transocéaniques doivent, de préférence, employer des ondes situées dans la gamme de 10.000 à 30.000 mètres.

§ 42. — Les radiophares doivent employer la longueur d'ondes de 1.000 mètres en pouvant utiliser toutes les catégories d'ondes indiquées au § 19. (*Applaudissements.*)

M. HOSTICKA. — A la suite de cet exposé, je pose au Congrès la question de savoir si vous croyez devoir aujourd'hui procéder à l'étude approfondie de la réglementation générale des ondes ou si, dans votre esprit, cette étude doit faire l'objet d'un des prochains Congrès du Comité, le rapport du Comité norvégien étant une base d'étude des plus précieuses pour nous.

M. LE PRÉSIDENT. — Vous savez que les organismes internationaux à caractère officiel s'occupent de la question. Il en est ainsi du Comité radiotélégraphique de la Société des Nations et de la prochaine Conférence de Washington.

L'objet de notre Comité international de la T. S. F. n'est pas de remplir le rôle des organismes officiels, mais au contraire de servir, en quelque sorte, de pionnier, de jalonner la route, de donner l'expression des desiderata manifestés ici et de préparer la tâche des conférences internationales officielles.

Par conséquent, m'en tenant à ce point de vue, je crois qu'il est intéressant que nous fassions sur cette matière une enquête aussi vaste que possible, chacun dans le pays dont nous sommes ressortissants, et que nous apportions le résultat de cette enquête à une prochaine réunion.

Je ne crois pas que ce soit possible maintenant, d'autant plus que les juristes travaillent sur la matière vivante et j'avoue que je ne me reconnaissais pas la compétence technique nécessaire pour dire : voilà la bande d'onde qu'il faut accorder, il faut réserver telle bande, etc.

M. EEMAN. — C'est une question d'ordre technique plutôt que juridique.

M. HOMBURG. — Mais la question se pose au point de vue juridique, ne serait-ce que pour rechercher un classement des stations et des ondes, leur distribution et déterminer les mesures d'ordre administratif à appliquer.

M. LE PRÉSIDENT. — On peut, en effet, poser la question et savoir, par exemple, si la classification en cinq catégories qui a été adoptée par le Gouvernement français est suffisamment compréhensible, si elle est trop large, si elle ne l'est pas assez, si elle est assez souple, etc.

M. HOMBURG. — Le Congrès pourrait se prononcer sur l'opportunité de mettre cette question à l'ordre du jour ou de la repousser.

M. EEMAN. — Il ne s'agirait pas de discuter cette question aujourd'hui, mais de dire si elle présente un intérêt.

Dans ce cas, n'est-il pas beaucoup plus simple de faire ce qui a été fait pour les autres questions jusqu'ici ? Vous avez des assemblées générales du Comité qui se réunissent ?

M. TIRMAN. — Tous les mois.

M. EEMAN. — C'est en somme dans ces assemblées générales que l'on peut élaborer les projets sur lesquels nous discutons. Je crois que le plus simple serait que vous fassiez la même chose pour cette question.

M. LE PRÉSIDENT. — La seule décision que demande M. Homburg, c'est de savoir si vous prenez cette question en considération, si elle rentre dans le cadre de nos prochains travaux.

M. EEMAN. — Elle peut y rentrer par certains détails.

M. DIEUSY. — Il me paraîtrait imprudent de l'écarter dès à présent.

M. LE PRÉSIDENT. — Ce que nous pouvons demander au Comité qui existe avec son caractère permanent et international, c'est de demander aux ressortissants des différents pays leur opinion.

Nous pouvons leur demander de confronter les régimes appliqués dans le nôtre, puis indiquer les desiderata des amateurs et ceux du Comité, du point de vue juridique.

Dans ce cadre-là, je vous propose de renvoyer l'affaire à l'étude du Comité.

Je mets cette proposition aux voix. (*La proposition est adoptée.*)

L'ordre du jour, étant épuisé, la séance est levée à 17 h. 30.

QUATRIÈME SÉANCE

Vendredi 17 avril (16 heures)

Propriété intellectuelle, artistique et littéraire.

La séance est ouverte à 16 heures, sous la présidence de M. Tirman.

M. LE PRÉSIDENT. — Je viens d'être informé par la Société d'Expansion Artistique et d'Échanges Artistiques avec les pays étrangers qu'elle suivait avec un grand intérêt la question des droits d'auteur et compositeurs et qu'elle demandait à être tenue au courant des résultats de nos travaux.

Je donne la parole à Me Taillefer, rapporteur de l'importante question des droits d'auteur et de leur relation avec la radiophonie.

Me TAILLEFER, *rapporteur*. — La découverte de la télégraphie sans fil, ses progrès, notamment au cours de la guerre et dans les années qui ont suivi, en permettant l'essor de la pensée humaine à travers les mers et les continents, a posé le problème de la conciliation du droit des auteurs et des artistes avec celui des émetteurs et du public appelé à recueillir les émissions, chaque jour plus fréquentes, des postes de télégraphie sans fil.

La question a donné lieu déjà, dans divers pays, à d'intéressants travaux, parmi lesquels il convient de citer, notamment, les études parues dans *le Droit d'auteur* en 1924 et 1925, et un article remarqué dans *Comœdia*, le 27 septembre 1920, par M. Pierre Chapelle. Le Comité international de T. S. F. s'en est à plusieurs reprises préoccupé, et il lui est apparu qu'elle devait trouver place dans le programme du premier Congrès juridique international organisé par ses soins à Paris.

Cette question, cependant, n'apparaît pas comme spécialement difficile et il semble que, si l'on s'attache à ne pas perdre de vue le caractère même de l'émission radiotélégraphique, elle puisse être résolue assez simplement par l'application des principes généraux du droit en matière de propriété littéraire et artistique.

La reproduction et la diffusion à travers l'espace, par radiophonie, des œuvres littéraires et musicales, constitue, en effet, simplement un mode nouveau d'exécution de ces œuvres. Tandis que la voix de l'orateur et de l'artiste, les harmonies d'un orchestre n'étaient perceptibles naguère que par un nombre limité d'auditeurs et pouvaient, dans certains cas, conserver le caractère d'auditions privées, il suffit aujourd'hui de disposer dans la salle de l'audition ou du concert, un microphone en relation avec une station d'émission, pour les répandre librement à travers l'espace et permettre à toute personne possédant un appareil récepteur convenable de les recueillir, même bien au delà des frontières. L'audition devient, par cela même publique.

L'émission radiotélégraphique, qu'elle ait lieu dans une salle publique, théâtre, salle de concerts, auditorium, accessibles au public, ou qu'elle prenne naissance dans un studio auquel le public n'a pas accès, apparaît comme revêtant le caractère d'une émission publique.

La diffusion par radiophonie des œuvres littéraires et artistiques constitue donc un mode nouveau d'exécution publique de ces œuvres. Si, tant dans les lois nationales que dans les actes internationaux, la T. S. F. n'est pas mentionnée et pour cause, par contre, la plupart de ces lois, et la Convention internationale de Berne révisée à Berlin, reconnaissent le droit pour les auteurs, d'autoriser l'exécution publique de leurs œuvres.

Ce principe doit recevoir application lorsqu'il s'agit de radiophonie, celle-ci n'apparaissant que comme mode complémentaire de transmission à travers l'espace de l'œuvre exécutée, avec, toutefois, la particularité signalée plus haut, que son intervention, provoquée toujours par une idée de profit direct ou indirect, a pour effet de donner toujours à l'exécution de l'œuvre le caractère d'exécution publique.

Si, avant d'aborder le terrain international, nous faisons une courte incursion dans la législation française, nous trouvons que le décret des 13-19 janvier 1791, assure à l'auteur un droit exclusif sur l'exécution publique de son œuvre, quelle qu'elle soit (exécution musicale, lecture, récitation, leçons de professeurs, etc.). Il s'ensuit nécessairement que la transmission par T. S. F. d'une œuvre du domaine privé ne peut être effectuée en France sans l'autorisation préalable de l'auteur ou de ses ayants droit, et que ceux-ci sont en droit de demander une redevance à la Société, être moral, ou à l'individu qui exécute ou fait exécuter l'œuvre devant l'appareil émetteur en vue de cette transmission.

Une redevance peut-elle être exigée de ceux qui recueillent les ondes dans l'espace et reconstituent ainsi à leur profit l'exécution de l'œuvre?

Vis-à-vis des organisations de réceptions radiophoniques publiques (cafés, entreprises de spectacles...), ce droit apparaît comme incontestable.

Vis-à-vis des particuliers, si, théoriquement, il semble qu'il doive être admis également, il faut reconnaître que, tout au moins pour le moment il se heurterait à des difficultés de perception qui, en tout cas, en rendraient l'exercice illusoire.

Au point de vue international, qui doit être plus spécialement envisagé ici, la Convention internationale, même dans son texte revisé à Berlin en 1908, ne mentionne pas la transmission des œuvres par T. S. F. La T. S. F. était alors pratiquement inexistante ; mais elle range parmi les œuvres à protéger les œuvres littéraires et musicales, leurs adaptations, les arrangements musicaux, etc. Elle consacre le droit exclusif des musiciens sur l'exécution de leurs œuvres, des auteurs sur la représentation de leurs œuvres dramatiques ou dramatico-musicales. Cela embrasse — on est d'accord pour le reconnaître — les reproductions orales des œuvres quelconques des auteurs et des artistes.

Les principes généraux écrits dans la Convention sus-rappelée doivent recevoir application en cas d'exécution par T. S. F. Il pourrait cependant paraître désirable que, lors d'une prochaine revision, un article spécial soit consacré dans la Convention à l'exécution des œuvres par T. S. F., à l'imitation de ce qui a été fait lors de la revision de Berlin pour la cinématographie.

La disposition de l'article 9 de la Convention stipulant la liberté de la reproduction des articles de journaux, à charge d'en indiquer la source, doit s'appliquer à la diffusion radiophonique comme à tout autre mode de transmission.

Par application de la règle posée dans la Convention de l'assimilation de l'unioniste au national, en ce qui concerne l'étendue de la protection et l'indépendance de l'existence de la protection du pays d'origine, pour l'application aux unionistes des droits reconnus par la loi interne de chaque pays unioniste, on doit admettre que l'étendue et les modalités de la protection, en ce qui concerne les transmissions radiotéléphoniques, doivent être exclusivement réglées d'après la législation du pays où la protection est réclamée, et que, même en l'absence de protection dans certains pays unionistes pour certaines modalités d'exécution, dans la loi nationale (par exemple, lectures publiques en Autriche), la transmission radiophonique de ces exécutions, licite à l'égard de la loi nationale locale, pourrait donner lieu à réclamations de la part de l'auteur, et au paiement de droits dans les pays où l'émission parviendrait, et dont les lois internes ne comporteraient pas cette exception préjudiciant au droit exclusif de l'auteur.

Ici, j'arrive à cette conclusion qu'en appliquant les principes de la Convention de Berne, les auteurs sont protégés et ont droit d'empêcher que l'on émette leurs œuvres, qu'on les transmette par radiophonie, sans autorisation préalable. Ceci rentre dans le cadre général. Ces idées peuvent être résumées dans la formule qui vous a été distribuée et qui est la suivante :

« Le droit de propriété intellectuelle reconnu par la Convention inter-
« nationale revisée à Berlin, s'applique à la diffusion de toutes les œuvres
« intellectuelles par tous modes de transmission ou d'exécution. Il s'ap-
« plique, par suite, avec toutes ses conséquences, à leur diffusion par
« radiophonie ;

» 4° La transmission par radiophonie d'une œuvre intellectuelle litté-
« raire ou artistique, contre le gré ou à l'insu de l'auteur, est interdite
« comme tout autre mode de transmission ou de reproduction. »

Voilà, je crois, les principes qui se dégagent de l'étude des textes existant en cette circonstance. A mon sens, la transmission par radiophonie n'étant qu'une nouvelle forme d'exécution — on en trouvera peut-être une autre demain — les mêmes principes peuvent s'appliquer (*Applaudissement*).

M. LE PRÉSIDENT. — Je remercie Me Taillefer de sa très intéressante communication. C'est véritablement une bonne fortune pour le Congrès que d'avoir un homme tel que Me Taillefer pour exposer la question si délicate, que soulève l'application des droits de protection de la propriété intellectuelle, en cette matière nouvelle qui constitue la radiophonie. Par sa connaissance approfondie de la question, sa compétence, qui font autorité dans le monde entier, Me Taillefer vient d'apporter des matériaux nouveaux à cet édifice et ils resteront dans nos annales. (*Applaudissements.*)

Comme j'avais eu l'occasion de l'exposer à notre première séance, les questions touchant à la propriété intellectuelle et artistique apparaissent sous un jour nouveau quand il s'agit de la radiophonie. Mais leur solution doit être recherchée à la lueur des principes généraux qui ont eu leur consécration dans les conférences internationales et c'est exactement cette idée qui trouve son expression dans les conclusions très sobres, mais que j'estime très suffisantes, qui vous sont présentées sous les numéros 3° et 4°.

Le premier paragraphe concerne un principe général qui, je crois, ne peut pas être contesté. La deuxième phrase fait application de ce principe général à la matière particulière qui est la radiophonie.

M. SAUDEMONT. — Je suis prêt à voter le texte qui nous est proposé. Je crois qu'il est d'accord avec les principes généraux du Droit.

Néanmoins, comme représentant d'une association qui organise les auditions du poste des P. T. T., je tiens à signaler que, si, en principe, le droit des auteurs doit être parfaitement reconnu, il est impossible de nier qu'il y a lieu de tenir compte, en fait, de certaines circonstances qui empêchent ces auteurs, tout au moins pour le moment, de tirer toutes les conséquences désirables de leur droit.

M. LE PRÉSIDENT. — Il importe que nous soyons très nets.

Nous sommes dans un Congrès international, et nous examinons les questions d'une façon tout à fait objective ; nous risquons de nou perdre dans les détails si nous envisageons la façon dont elles peuvent être traitées.

En ce moment, la question qui se pose est très claire : c'est celle de savoir si les principes qui sont exposés ici et qui s'inspirent d'ailleurs de principes généraux d'une haute portée, sont contestés.

Ils ne peuvent pas être contestés dans la première phrase qui vous a été lue.

Ces principes généraux n'étant pas contestés, je demande si l'application que l'on veut en faire à la radiophonie est contestée. La phrase proposée est ainsi conçue :

« Il s'applique (le droit de propriété intellectuelle) à la diffusion par radiophonie. »

M. EEMAN. — Je voudrais présenter quelques petites observations, d'ailleurs bien peu importantes.

Comme nous venons de le dire, nous sommes tous d'accord sur les principes généraux, puisque, en réalité, la transmission par la voie de la radiophonie est la reproduction par un mode quelconque prévue par les conventions existantes, il est certain que la protection légale s'applique aux auditions radiophoniques. Cela ne peut pas être contesté.

Il y a eu des discussions assez sérieuses, d'après ce que j'ai lu dans la *Revue juridique internationale de la Radioélectricité*, sur la question de savoir si les droits d'auteur, qui sont incontestablement dus par le récepteur public, sont dus également par les postes récepteurs privés. D'après le texte de l'article proposé, il me semble que les postes privés seront tenus également de payer les droits d'auteurs. C'est la solution à laquelle, dans la section belge, nous étions arrivés, pour des motifs qu'il est inutile de développer puisque nous sommes d'accord. Il me semble que l'interprétation de ce texte même permet d'admettre l'idée que les postes privés sont tenus de payer le droit d'auteur, puisque, en réalité, on dit :

... « par tous modes de transmission ou d'exécution ».

Je crois qu'on est d'accord là-dessus. Je pose la question de savoir si, conformément à l'opinion que nous avons émise, les postes émetteurs privés, comme les postes publics, sont tenus de payer les droits d'auteur. Je crois qu'ils y sont tenus légalement.

M⁰ TAILLEFER, *rapporteur*. — Parfaitement. J'estime que tous les postes émetteurs sont tenus de payer les droits. La seule objection que l'on puisse faire, c'est que les postes émetteurs privés travaillent dans un but d'études et d'expériences ; mais ils peuvent transmettre des œuvres tombées dans le domaine public ; toutes les fois qu'ils transmettent une œuvre du domaine public, — et c'est là une opinion qui m'est personnelle — ils doivent payer.

M. HOMBURG, *rapporteur général*. — Ne pourrait-on rapprocher le principe proposé par notre rapporteur de l'article 2 voté mercredi et où nous parlions d'exploitation commerciale? Nous parlons ici de diffusion. Or, l'exploitation commerciale comprend la diffusion.

M. LE PRÉSIDENT. — Il peut y avoir diffusion sans exploitation commerciale.

Nous sommes tous d'accord sur un point. Il est incontestable que le droit de propriété intellectuelle, reconnu par les conventions internationales, s'applique, avec toutes ses conséquences, à la radiodiffusion pour exploitation commerciale. Maintenant, vous allez plus loin, et vous dites qu'elle s'applique même aux exploitations même non commerciales, même privées.

M. TIMMORY. — C'est la loi.

M. EEMAN. — Il y a des postes d'émission qui sont publics, où le public est admis gratuitement ou en payant : là, il n'y a pas de contestation possible. A côté de cela, il y a des postes émetteurs privés, c'est-à-dire où le public n'est pas admis. La question est de savoir si l'émission faite par un poste de cette nature n'est pas une publication de l'œuvre. A mon avis, oui.

M. TIMMORY. — Incontestablement.

Mᵉ TAILLEFER, *rapporteur*. — C'est ce que je disais tout à l'heure, quand je parlais des studios, qu'ils soient publics ou non.

M. LE PRÉSIDENT. — Permettez-moi un exemple. Prenez une œuvre musicale : vous dites qu'elle ne peut pas être reproduite par un procédé quelconque, utilisée d'une manière quelconque sans l'autorisation de l'auteur. Vous ne pouvez pas faire enregistrer cette œuvre musicale sur une plaque de gramophone, même si cette plaque est utilisée en petite quantité, sans l'autorisation de l'auteur. De même pour transmettre une œuvre par radiophonie, il faut l'autorisation de l'auteur.

M. JOUBERT. — Nous remettons en discussion en ce moment, une question qui est une question de principe. Toutes les fois qu'une audition est publique, elle doit être payée à l'auteur. Il ne s'agit pas de savoir si elle est gratuite ou payante, si elle est commerciale ou non : il faut l'autorisation de l'auteur.

M. LE PRÉSIDENT. — Vous restez en deçà de la règle proposée. Vous dites, qu'en principe toutes les fois qu'une audition est publique, il faut payer les droits d'auteur. Or, dans le texte, on n'a pas dit qu'il fallait une audition publique, mais que le fait que l'audition a eu lieu constitue le droit à la perception.

M. JOUBERT. — Oui, mais l'audition est publique par voie de conséquence ; vous ne pouvez pas faire une émission sans qu'elle soit publique. Du fait que vous parlez dans le microphone d'un appareil émetteur, l'émission est publique.

M. ELMAN. — La question commerciale n'a rien à voir ici.

M. JOUBERT. — C'est la même chose pour le gramophone. Si vous faites marcher votre phonographe chez vous, ce n'est pas public ; mais si vous transmettez, c'est public.

A partir du moment où vous chantez dans un microphone et où il y a transmission, il y a publicité.

M. SAUDEMONT. — A condition qu'il y ait recette.

M. JOUBERT. — Jamais de la vie ! C'est contraire à la loi.

M. CARTAULT. — Pour fixer le débat, il faut apprécier la loi d'une façon un peu nouvelle. En matière d'audition, on est dans une salle, on ferme les portes de cette salle : ce n'est pas public. En matière de radiophonie, du moment que vous transmettez par l'éther, c'est public ; il n'y a pas de portes que vous puissiez fermer.

Donc, toute transmission est publique.

M. GHÉRALDI. — Je crois que le texte, en employant le mot « diffusion », indique bien ce caractère « public ». Diffuser une chose, c'est la rendre publique. Que ce soit fait en local fermé ou en local ouvert, il y a diffusion, donc publicité.

M. le Président. — Je constate que sur ce point nous sommes d'accord. Ces explications étaient utiles, parce qu'elles ont permis de dissiper un doute ; après ces explications, il n'en reste aucun.

M. Eeman. — Je voudrais présenter une autre observation.

On parle du droit de propriété intellectuelle.

Je rappelle à ces messieurs qu'il y a eu, dans le temps, une discussion assez vive, sur la question de savoir si, régulièrement, les auteurs ont un droit de propriété.

Dans certains pays, on admet le droit de propriété, notamment en France, en Belgique, en Suède, etc. C'est le copyright. Or, ici nous faisions une œuvre internationale et, par conséquent, nous devons voir ce qui se passe internationalement.

M. le Président. — Que dit la Convention de Berne ?

Me Taillefer rapporteur. — Elle parle du droit d'auteur tout simplement.

M. Joubert. — M. Eeman fait une confusion entre le droit d'auteur et le droit de reproduction. Le copyright est le droit de reproduction. Il y a en France deux lois : celle de 1791 et celle de 1793. La première traite du droit de représentation, et, la seconde, du droit de reproduction et d'édition. Le copyright est le droit d'édition ; il est fait pour protéger la propriété de l'éditeur, mais la loi, dans ses principes généraux, protège le droit de l'auteur sous n'importe quelle forme. Le copyright ne fait que fixer la date à partir de laquelle on est propriétaire du droit de reproduction.

M. le Président. — Nous discutons en ce moment sur des nuances.

Me Taillefer, rapporteur. — M. Eeman a rappelé que l'on a discuté longtemps la question de savoir si le droit d'auteur était une propriété ou non. J'avoue que cela m'est égal ! C'est une propriété spéciale que nous appelons, si vous voulez, droit d'auteur. La seule chose que l'on puisse dire, c'est que, dans la langue internationale, on appelle cette chose-là le droit d'auteur.

M. Pierre Chapelle. — N'est-il pas possible d'ajouter à l'article 4, après les mots : « La transmission par radiophonie... » les mots :

« ... qu'elle soit gratuite ou non... »

M. Joubert. — C'est absolument inutile : c'est dans la loi !

M. le Président. — Voulez-vous me permettre ? Nous sommes en ce moment à l'article 3 et cette observation porte sur l'article 4. Terminons-en d'abord avec notre premier article et éliminons la question qui se pose au sujet de ce paragraphe.

La question qui est soulevée est une question de nuance.

M. EEMAN. — C'est une question de qualification, d'emploi des mots de « propriété intellectuelle » pour « les droits d'auteur ». Les droits d'auteur supposent une propriété *sui generis*. Ce sont donc des nuances très subtiles. Je ne sais pas si l'expression « droits d'auteur » retenue par la Convention internationale de Berne, ne répondrait pas aux mêmes pensées.

M. JOUBERT. — Oui, mais le titre de « Propriété intellectuelle, littéraire et artistique » est plus général ; il comporte la reproduction de la parole, de la musique, de la photographie ; cela comprend, en un mot, toutes les productions de l'esprit et de l'art. Vous risquez d'apporter une restriction.

M. LE PRÉSIDENT. — Si nous mettions :

« Les droits d'auteur et, d'une manière générale, les droits de pro-
« priété intellectuelle reconnus par la Convention internationale... »

M. JOUBERT. — La propriété intellectuelle comprend toutes les productions de l'esprit.

M. EEMAN. — Comme il y a des pays où l'on admet pas qu'il y ait une véritable propriété, il vaut mieux adopter la qualification acceptée par tous les pays.

M. HOMBURG, *rapporteur général*. — C'est celle qui est dans la Convention internationale de Berne.

M. GHÉRALDI. — Dans la Convention internationale de Berne, le mot employé est « propriété artistique et intellectuelle. »

M. JOUBERT. — Il y a l' « Association de la propriété littéraire et artistique internationale ».

Mᵉ TAILLEFER. — Le journal de Berne s'appelle *le Droit d'auteur* ».

M. CAPITANI. — Pour concilier les thèses en présence, on pourrait mettre dans le texte :

« La protection des droits des auteurs consacrée dans la Convention
« internationale de Berne. »

M. JOUBERT. — Je crains que ce ne soit limitatif.

Mᵉ TAILLEFER, *rapporteur*. — Non, ce n'est pas limitatif.

M. LE PRÉSIDENT. — Voici l'amendement de M. Capitani, tel qu'il me le remet :

« Tous les droits reconnus aux auteurs par les lois et conventions
« internationales existantes s'appliquent... etc. »

M. JOUBERT. — Du reste, le titre du chapitre : « Propriété intellec-
« tuelle, littéraire et artistique » est bien explicite.

M. HOMBURG. — Oui, mais alors, le titre du chapitre devient :

« Droits des auteurs »

et ensuite :

« Propriété intellectuelle, littéraire et artistique. »

M. Kucera. — Je pense que le mot « Convention internationale » ne dit rien. Il faudrait mettre : Convention internationale de Berne révisée à Berlin, avec les dates.

Mᵉ Taillefer. — Oui, c'est une affirmation.

M. le Président. — Par conséquent, sur tous les points qui viennent de faire l'objet d'un échange de vues, nous sommes d'accord. Quand nous parlons de la propriété intellectuelle nous entendons couvrir par ce mot tous les droits des auteurs compositeurs.

M. Joubert. — Mettez ; sans restriction aucune, si vous craignez une erreur d'interprétation.

M. Hoffmann. — Monsieur le Président, je crois qu'il faut ajouter quelques mots de façon à élargir le droit d'auteur en y comprenant la récitation en public. Comme Mᵉ Taillefer le dit dans son rapport, certaines lois internes refusent à l'auteur d'une œuvre littéraire un droit sur les récitations en public. Il en est ainsi pour les lois autrichiennes, danoises, suédoises et allemandes. Si une œuvre littéraire est publiée, si son contenu essentiel a été divulgué en public, chacun peut réciter prbliquement cette œuvre, sans qu'il y ait paiement de droit d'auteur. Or, une émission peut être considérée comme une récitation publique et si cette émission est faite, l'auteur n'est plus protégé. Comme les droits d'auteur, par la Convention internationale de Berne, donnent seulement le droit de reproduction aux auteurs des autres pays, il conviendrait d'émettre le vœu que le droit d'auteur comprenne les récitations en public, de façon à élargir ce droit de l'auteur.

M. le Président. — Auriez-vous rédigé un amendement dans ce sens ?

M. Hoffmann. — Non. Je demande seulement que le droit d'auteur soit élargi et comprenne les récitations en public.

Mᵉ Taillefer, *rapporteur*. — Il n'y aurait qu'à ajouter au texte :

« ... par tous modes de transmissions ou d'exécution, y compris la récitation en public. »

M. Joubert. — Votre observation est absolument exacte en ce qui concerne certains pays ; mais chaque pays a ses lois et fait lui-même ses lois. Si la récitation en public n'est pas prévue en Suède, ou en Autriche, vous ne pouvez pas faire qu'elle soit prévue. Nous mettons dans notre texte : tous les modes de diffusion ; la récitation en public est un mode de diffusion.

M. Hoffmann. — Vous avez raison, mais si on ne donne pas explicitement ce droit aux auteurs, il y a des auteurs qui ne seront pas protégés dans certains pays.

M. JOUBERT. — Oui, mais vous n'avez pas le droit de faire ici une loi pour l'Autriche ou pour la Suède !

M. HOMBURG. — Non, mais nous sommes en Congrès international et pouvons recommander à ces États d'adopter tels et tels principes qui nous paraissent justes.

M. JOUBERT. — C'est entendu, mais les lois internationales ne priment pas les lois nationales.

Mᵉ TAILLEFER, *rapporteur*. — Cela dépend des pays.

M. GUERALDI. — Il me semble que les mots « propriété intellectuelle » comprennent tout, y compris les récitations publiques.

M. LE PRÉSIDENT. — Monsieur le rapporteur, ne considérez-vous pas que vous donnez satisfaction à tout le monde par l'expression : « par tous modes de transmission ou d'exécution » ? étant bien entendu que nous comprenons la récitation publique dans l'expression « tous les modes de transmission ou d'exécution. » (*Assentiment général*).

Nous sommes donc bien d'accord pour constater que les droits de propriété intellectuelle ce sont les droits d'auteur.

M. Pierre CHAPELLE. — Je vous demande pardon d'insister ; je me suis trompé de paragraphe tout à l'heure ; c'est ici que doit venir mon observation.

Il y a des pays, comme vient de le dire quelqu'un, où la gratuité est quelquefois une raison pour ne pas payer les droits d'auteur. On dit : c'est une œuvre de charité, ou bien, c'est une œuvre de vulgarisation scientifique. On chantera ou on dansera, on jouera les musiques les plus légères, sous prétexte de faire du bien aux pauvres gens ou de répandre la bonne musique, et on dira : nous n'avons rien à payer comme droits d'auteurs ! En France, ce n'est pas cela : les droits d'auteur sont dus nonobstant la gratuité du spectacle ou de l'audition. Mais si nous n'indiquons pas cela dans un vœu, de façon que les conventions internationales tiennent compte de ce « nonobstant la gratuité », je crois que nous commettons une erreur.

On pourrait ajouter au texte :

« Le droit de propriété intellectuelle, etc., s'applique à la diffusion « gratuite ou non de toutes les œuvres intellectuelles par tous modes de « transmission ou d'exécution... »

M. LE PRÉSIDENT. — En voulant préciser le texte vous l'affaiblissez peut-être. Ce n'est pas subtilité de ma part, parce que vous pouvez très bien avoir une transmission gratuite au départ. Vous parlez du poste qui émet, mais ce qui vous intéresse, c'est le poste qui reçoit.

M. Pierre CHAPELLE. — Les deux et, quelquefois, le poste émetteur bien plus que le poste qui reçoit.

Permettez-moi de vous dire très nettement que nous avons, en France, des postes d'une haute valeur scientifique et morale — je ne les nomme pas — qui demandent à ne pas payer de droits d'auteur, uniquement parce qu'ils font œuvre de vulgarisation avec nos œuvres, c'est-à-dire notre travail.

M. LE PRÉSIDENT. — Croyez-vous que, dans l'état scientifique actuel, il soit possible au poste émetteur, à l'établissement émetteur, de percevoir une taxe sur les établissements récepteurs ?

M. Pierre CHAPELLE. — Ce n'est pas ce que je dis là.

M. JOUBERT. — Ce sont là des questions d'application. Nous émettons ici des principes généraux, il faut nous y borner. La jurisprudence est uniforme dans l'interprétation.

M. Pierre CHAPELLE. — Mais au point de vue international ?

M. JOUBERT. — Je crois que vous allez affaiblir le texte.

M. GHERALDI. — La bienfaisance n'est pas admise comme excuse pour ne pas payer le droit d'auteur.

M. LE PRÉSIDENT. — J'ai toujours remarqué que, quand on veut apporter trop de précision à un texte, on l'affaiblit par l'argument *a contrario*.

M. Pierre CHAPELLE. — Le Congrès actuel n'est pas national ; il est international.

M. LE PRÉSIDENT. — Le représentant des auteurs, qui est le principal intéressé, n'insiste pas.

M. VROONEN. — Je crois que l'observation que M. Corteil a présentée pour le § 2 doit s'appliquer au § 3. Il faudrait remplacer les mots : « à leur diffusion par radiophonie » par les mots :

« ... à leur diffusion radioélectrique. ».

M. LE PRÉSIDENT. — C'est entendu. Le texte sera corrigé en tenant compte des deux amendements qui ont été présentés. Monsieur le secrétaire, voulez-vous nous donner lecture du texte tel qu'il serait rédigé ?

M. BOURUET-AUBERTOT. — Le texte serait celui-ci :

« Le droit de propriété intellectuelle reconnu par la Convention inter-
« nationale de Berne en 1886 sur la protection des droits des auteurs,
« revisée à Berlin en 1908, s'applique à la diffusion des œuvres intellec-
« tuelles par tous modes de transmission ou d'exécution. Il s'applique,
« par suite, avec toutes ses conséquences, à leur diffusion radioélec-
« trique. »

M. LE PRÉSIDENT. — Je mets ce texte aux voix. (*Le texte est adopté à l'unanimité.*)

M. LE PRÉSIDENT. — Nous arrivons maintenant à l'article 4 qui est ainsi conçu :

« La transmission par radiophonie d'une œuvre intellectuelle, litté-
« raire ou artistique, contre le gré ou à l'insu de l'auteur, est interdite
« comme tout autre mode de transmission ou de reproduction. »

Vous remarquerez que ce texte n'est qu'un commentaire du texte précédent.

Mᵉ TAILLEFER, *rapporteur*. — Il est inutile.

M. EEMAN. — Je crois que ce texte pourrait être supprimé.

Il est incontestable que les auteurs ont le droit de s'opposer à ce qu'une œuvre intellectuelle créée par eux soit reproduite contre leur gré ou à leur insu. Par conséquent, comme nous tâchons de faire une œuvre simple, on pourrait supprimer ce paragraphe sans inconvénient.

M. GHERALDI. — C'est même très bien compris dans le premier texte, puisqu'on a tiré les conséquences du principe général en ajoutant les mots : « avec toutes ses conséquences ». La première de ces consé-quences, c'est que l'auteur a le droit de s'opposer à la diffusion de son œuvre. On va maintenant chercher à préciser ; ce n'est peut-être pas indispensable.

M. LE PRÉSIDENT. — Je crois qu'il faudrait ne pas faire un paragraphe distinct et mettre après « ... à leur diffusion radioélectrique » le mot « notamment » qui relierait les deux textes et ne ferait qu'un para-graphe.

M. BOURUET-AUBERTOT, *secrétaire général*. — Ce texte paraît, à pre-mière vue — et c'était l'impression de M. Eeman, — être un simple corollaire du premier, en ce sens que le droit de propriété intellectuelle reconnu par la Convention internationale de Berne consiste essentielle-ment dans le droit, pour l'auteur, d'interdire la reproduction de son œuvre sans son consentement. Il semble qu'on ait répété ce principe dans le § 4. Mais j'attire toute votre attention sur le point suivant. En réalité, le second paragraphe est beaucoup plus large que le premier, parce que le droit d'auteur est soumis à certaines restrictions, dans le temps, par exemple, le droit d'auteur expirant au bout de cinquante ans après la mort de l'auteur; tandis que là, il n'y a aucune limitation. (*Exclamations et protestations.*)

Si on applique strictement le deuxième paragraphe, en définitive, il n'y a plus, en radiophonie, de domaine public.

M. LE PRÉSIDENT. — Je crois que jamais telle n'a été la pensée des auteurs eux-mêmes.

Nous reconnaissons les droits d'auteur, nous donnons une affirmation nouvelle de ces droits dans une matière nouvelle, mais nous n'allons pas au delà. Quand une œuvre est tombée dans le domaine public elle doit être à tous et il est nécessaire même qu'il en soit ainsi.

M. BOURUET-AUBERTOT, *secrétaire général*. — Alors il faut supprimer ce paragraphe.

M. LE PRÉSIDENT. — Je crois, en effet, que l'on vient de donner le meilleur argument pour supprimer ce paragraphe.

Ceci vient à l'appui de ce que je disais tout à l'heure : il vaut mieux une formule plus large, compréhensive, qui couvre un ensemble de mesures, sans trop de précisions.

M. JOUBERT. — On pourrait dire, comme vous le proposiez tout à l'heure, à la fin du premier paragraphe : « notamment, la transmission, etc. » et ajouter la rédaction du § 4.

M. LE PRÉSIDENT. — Il faudrait dire alors : « pendant que ce droit existe ».

M. JOUBERT. — C'est inutile : ne changeons pas la durée du droit d'auteur.

M. HOMBURG, *rapporteur général*. — C'est d'autant plus inutile que l'on s'en rapportera forcément à la Convention internationale de Berne.

M. LE PRÉSIDENT. — D'ailleurs, la phrase sera éclairée par le rapport remarquable de Me Taillefer, par les observations et par les commentaires qui ont été produits ici. Dans ces conditions, je me demande s'il ne serait pas préférable de supprimer ce paragraphe, les commentaires restant.

M. TIMMORY. — Dans ce cas, peut-être pourrait-on, au lieu de se contenter des mots « comme tout autre mode de transmission ou de reproduction » ajouter, dans les commentaires : « comme tout autre mode de transmission, d'exécution, ou de reproduction ».

M. JOUBERT. — Je ne suis pas partisan des énumérations. C'est très dangereux.

M. GHERALDI. — Oui, l'énumération peut n'être pas complète et on s'en sert.

M. JOUBERT. — Il suffit que vous oubliiez un point pour que cela se retourne contre vous.

M. TIMMORY. — Je ne propose pas de le dire dans le texte, mais simplement de l'ajouter aux commentaires.

M. Pierre CHAPELLE. — Cependant, dans ce § 4, vous avez les mots : « contre le gré ou à l'insu de l'auteur ». Cela nous ramène à l'autorisation préalable et c'était bien intéressant de dire cela en une seule ligne. Cette autorisation préalable n'existe pas dans certains pays.

M. LE PRÉSIDENT. — Nous devons voter des dispositions qui cadrent avec les actes internationaux préexistants.

Le maintien du § 4 n'est pas demandé ?

M. JOUBERT. — Si, la Société des Auteurs y tient fortement.

M. LE PRÉSIDENT. — Alors il faudrait dire :

« La transmission par radiophonie d'une œuvre intellectuelle, litté-
« raire ou artistique du domaine privé, contre le gré ou à l'insu de
« l'auteur est, par suite, interdite, comme tout autre mode de trans-
« mission ou de reproduction. »

Je remarque que, dans le premier paragraphe nous parlons de la pro-
priété intellectuelle et au deuxième paragraphe, nous parlons d'une œuvre intellectuelle, artistique ou littéraire. Il faudrait, ou bien supprimer ces mots ou les mettre entre parenthèses.

M. TABOUIS. — Il faudrait mettre : « La diffusion radioélectrique », puisque c'est le mot qui a été adopté.

M. HOMBURG, *rapporteur général*. — Ou peut-être mieux, encore, continuer simplement le paragraphe premier, par les mots :

« ... Cette diffusion, contre le gré ou à l'insu..., etc. »

M. LE PRÉSIDENT. — Je voudrais d'abord en terminer avec le premier paragraphe. Il a été voté, c'est vrai, mais nous pouvons toujours y revenir pour une modification de forme. Je disais tout à l'heure que nous avons mis dans notre rédaction : « le droit de propriété intellectuelle »; On propose de mettre : « propriété intellectuelle » et, entre deux virgules, « littéraire et artistique ».

Maintenant, reste à savoir si vous voulez maintenir le paragraphe 4.

M. BOURUET-AUBERTOT, *secrétaire général*. — Si on modifie le § 4 pour le mettre en harmonie avec le § 3, je voudrais que les partisans de ce § 4 nous indiquassent ce qu'il ajoute au paragraphe précédent qu'il paraît reproduire simplement. M. Joubert, par exemple, pourrait nous renseigner à ce sujet.

M. JOUBERT. — Voulez-vous me donner lecture de l'amendement qui a été proposé sur ce point ?

M. BOURUET-AUBERTOT. — Voici ce qui a été proposé : on remplace le mot « transmission » par « diffusion » et on dit :

« Cette diffusion d'une œuvre intellectuelle, littéraire ou artistique du
« domaine privé est interdite comme tout autre mode de transmission
« ou de reproduction, contre le gré ou à l'insu de l'auteur. »

Je ne vois pas très bien ce que cette rédaction ajoute au paragraphe précédent.

M. JOUBERT. — Je crois, tout de même, que cet article est intéressant, parce que, si nous nous limitons aux termes de la Convention internationale de Berne, nous ne réglons pas la question des droits d'auteur pour les exécutions non payantes ; tandis que si nous indiquons d'une façon formelle que toute transmission contre le gré ou à l'insu de l'auteur est interdite, il s'ensuit qu'une audition non payante ne saurait avoir lieu sans l'autorisation de l'auteur. Par conséquent, si l'auteur veut imposer une perception, il le pourra. Au lieu que si nous sommes limités par les termes de la Convention internationale de Berne, les auteurs auront peut-être des difficultés, dans certains pays, pour faire payer les droits d'auteur.

Nous élargissons la Convention internationale de Berne dans un sens favorable aux auteurs. Nous faisons un appel de la Convention internationale de Berne dans le premier paragraphe et nous l'élargissons dans le second.

M. EEMAN. — Il ne faut pas l'élargir ; nous ne le pouvons pas.

M. HOMBURG, *rapporteur général*. — C'est au Comité de se prononcer : devons-nous rester dans les limites de la Convention internationale de Berne ou devons-nous l'élargir ?

M. LE PRÉSIDENT. — Monsieur le rapporteur, dans le régime des conventions internationales, des reproductions, même non payantes, peuvent-elles être faites, sans paiement de droits d'auteur ?

M. TAILLEFER, *rapporteur*. — Cela dépend des pays.

M. HOMBURG, *rapporteur général*. — Il n'y a rien à ce sujet dans la Convention internationale de Berne. C'est pourquoi j'insiste sur ce paragraphe qui fait disparaître la Convention internationale de Berne.

M. le bâtonnier DIEUSY. — La question est de savoir si on veut restreindre la Convention internationale de Berne ou si on veut l'étendre pour les pays où on admet que des représentations non payantes peuvent se produire sans autorisation.

M. EEMAN. — Est-ce que, d'après les lois internationales existantes, un auteur ne peut pas prétendre qu'on n'a pas le droit de reproduire son œuvre contre son gré ou à son insu ?

M. JOUBERT. — C'est de jurisprudence constante. Celui qui exécute est obligé de demander l'autorisation ; ce que fait payer l'auteur, c'est l'autorisation qu'il donne.

M. TAILLEFER, *rapporteur*. — Sauf dans les législations internes.

M. EEMAN. — S'il en est ainsi, quelle est la portée du paragraphe que nous voulons introduire ?

M. JOUBERT. — En ce moment, nous sommes en train de réviser la Convention internationale de Berne.

M. Homburg, *rapporteur général.* — Et pourquoi pas ? Nos votes n'ont pas d'ailleurs d'autre prétention que d'être des vœux utiles.

M. Joubert. — Je suis avec vous ! Mais nous nous demandons si, pratiquement, c'est possible.

M. Eeman. — Non, nous ne révisons pas la Convention internationale de Berne, mais nous voulons tirer toutes les conséquences de l'exécution publique ; voilà tout. Nous nous appliquons à tirer, peut-être inconsciemment, mais de façon générale, toutes les conséquences de ce caractère d'exécution publique que nous avons reconnu tout à l'heure aux émissions. Pour nous, c'est toujours public ; donc, c'est toujours payant pour l'auteur. Je crois que nous pouvons le dire et que notre texte le dit.

M. le Président. — Alors, vous demandez le maintien du paragraphe ?

Mᵉ Taillefer, *rapporteur.* — Nous dirions :

« Cette diffusion, contre le gré ou à l'insu de l'auteur est, par suite, « interdite, comme tout autre mode de transmission ou de reproduc- « tion. » (*Approbation générale.*)

M. Landrien. — Cet alinéa n'est pas une conséquence du premier paragraphe, puisque nous allons au delà. D'autre part, ce que nous faisons, c'est en vue de tâcher de le faire approuver, ultérieurement, par une convention internationale. Or, j'ai l'idée qu'une conférence internationale approuvera plus facilement une extension de la convention actuelle à la radio qu'une extension d'un principe établi dans la Convention internationale de Berne. Je crois donc qu'il y a intérêt à supprimer le § 4.

M. Homburg, *rapporteur général.* — Si nous maintenons les deux articles, cette conférence internationale pourra toujours supprimer le second.

M. Landrien. — Alors, présentez le deuxième article sous forme de vœu et arrêtez-vous au § 3.

M. le Président. — Il y a un premier point sur lequel nous sommes tous d'accord. Les conclusions auxquelles nous devons tendre doivent appliquer aux émissions par radio les règles déjà consacrées pour les autres modes de transmission.

Maintenant, un certain nombre de membres de ce congrès voudraient profiter de cette circonstance pour étendre le champ d'application de la Convention internationale de Berne.

Ne nous y trompons pas : nous parlons en ce moment de radio-diffusion, mais quand vous parlez d'étendre le champ d'application de la Convention internationale de Berne, que vous le vouliez ou non, il faudra que vous étendiez cette application à tous les autres modes de reproduction ou de transmission, car vous ne pourrez pas faire un droit particulier pour la radiophonie.

Par conséquent, il me semble qu'il est nécessaire de séparer les deux questions; l'une est une résolution ferme; l'autre ne peut être qu'un vœu pour attirer l'attention.

M⁰ TAILLEFER, *rapporteur*. — Monsieur le président, j'arrive à penser que le texte, comme nous l'avions présenté, n'était pas si mauvais que cela, car le § 3, c'était la Convention internationale de Berne; le § 4 allait peut-être un peu au delà et on pouvait le prendre ou le laisser.

C'était un vœu formulé sous forme d'article.

M. JOUBERT. — Il vaut mieux le laisser.

M⁰ TAILLEFER, *rapporteur*. — Oui, mais le laisser distinct.

M. LE PRÉSIDENT — Je vais mettre aux voix le maintien du § 4, en en modifiant un peu la rédaction.

M. LANDRIEN. — Alors, il faut supprimer les mots : « comme tout autre mode de transmission ou de reproduction ».

M. LE PRÉSIDENT. — Je ne crois pas qu'il soit dans la pensée du Congrès de demander des règles particulières pour la radio-diffusion.

M. JOUBERT. — Non! c'est « à l'instar de... » Ainsi, le phonographe est un mode de reproduction aussi.

M. GHERALDI. — Supprimons alors le mot de « transmission » et disons simplement : « tout autre mode de reproduction. »

M. SAUDEMONT. — Est-ce que l'amendement précise : dans le domaine privé ?

M. JOUBERT. — Oui, et c'est de droit d'ailleurs.

M. QUINTIN. — Je demande à faire une observation.

Je m'abstiendrai dans cette question. Je suis tout à fait favorable à la motion qui va être présentée, mais j'estime qu'elle ne rentre pas dans le cadre de notre assemblée. Il y a, pour ces questions de droits d'auteur, une association tout à fait spéciale, que M⁰ Taillefer connaît bien. Je fais partie de la section belge qui s'occupe exclusivement de cette protection littéraire et artistique. Je crois que c'est plutôt à ces associations de prendre l'initiative de modifications à apporter à la législation. Nous n'envisageons ici la question que sous un angle restreint: la question est plus vaste.

Il me paraît qu'il est un peu aventureux de venir, au nom d'une section, d'une petite partie des intérêts artistisques et littéraires, demander des modifications de ce genre aux conventions, de réclamer pour l'ensemble des intérêts en jeu.

M. LE PRÉSIDENT. — Votre observation cadre avec celle que je présentais tout à l'heure, quand je divisais la question en deux parties, en disant : l'une s'applique à des résolutions fermes, l'autre à des vœux sur lesquels nous appelons l'attention. Et précisément, il est dans le cadre d'une assemblée comme celle-ci, qui comporte des compétences en matière de radio-diffusion, d'appeler l'attention des organismes internationaux sur les modifications qui pourraient être faites pour que la Convention internationale de Berne soit élargie et étendue à tous les modes de transmission. Cette pensée ne devrait pas revêtir la forme lapidaire d'un article.

Je crois qu'il faudrait nous en tenir à l'article 3, puis, appeler l'attention des organismes internationaux qui s'occupent de cette question sur l'intérêt qu'il y aurait à étendre la Convention internationale de Berne dans des conditions telles que soit couverte la diffusion d'une œuvre intellectuelle, artistique, littéraire, etc.

Peut-être votre intervention va-t-elle nous permettre de rallier tous les suffrages, parce que nous maintiendrions le § 3 comme résolution ferme et nous présenterions le § 4 comme vœu.

M. Joubert. — Je demande à dire un mot, pour répondre à notre confrère belge. Il commet une erreur quand il dit que nous représentons ici une section : nous représentons tous les auteurs et tous les compositeurs du monde entier.

M. Quintin. — Pardon ! Je ne parle pas de vous : je parle du Congrès.

M. Joubert. — Nous représentons tous l'univers ! (*Hilarité.*)

M. Dieusy. — Nous ne sommes pas ici pour rédiger les propositions des auteurs. Comme juristes, nous avons le droit de prendre parti.

M. Homburg. — A la dernière réunion de la Commission, quand nous avons mis les mots : « comme tout autre mode de transmission ou de reproduction », nous considérions cette rédaction comme un corollaire de la Convention existante, alors que nous nous apercevons maintenant que c'est un amendement qui va au delà du premier article.

M. Bourdet-Aubertot. — Nous sommes saisis d'un texte proposé par M. Pierre Chapelle et qui est ainsi conçu :

« L'émission et la diffusion radioélectrique d'une œuvre intellectuelle
« ne peuvent, par suite, être exploitées sans l'autorisation de l'auteur
« ou à son insu. »

H. Landrieu. — Les mots « par suite » sont de trop.

M. le Président. — Ce texte est sensiblement le même que celui qui vous a été présenté. Il faut que nous votions.

J'ai demandé à chaque pays de choisir son leader pour les votes ; je vais faire procéder à l'appel nominal par ordre alphabétique et chaque représentant de pays votera pour ou contre.

M. Tabouis. — Le vote à raison d'une voix par pays ne me semble pas judicieux. A l'heure actuelle, par exemple, il peut y avoir au Congrès un représentant de l'Espagne pour les auteurs et un représentant pour les exploitants; ce sont des intérêts systématiquement opposés. Alors, qui votera ?

M. le Président. — Nous avons adopté un principe, il nous faut l'appliquer.

Nous votons sur le maintien du paragraphe 4 dans son esprit, sauf à établir une rédaction définitive.

Le vote est ouvert.

(Le vote a lieu à l'appel nominal par pays.)

Résultat du vote :

Pour la suppression du paragraphe 4 : 7.

Pour le maintien : 4.

Le paragraphe 4 est supprimé.

M. le Président. — Il est bien entendu que le vote pour la suppression de ce paragraphe n'implique pas que l'on est hostile à l'idée même. J'insiste sur ce point. Beaucoup de ceux qui ont voté pour la suppression ont voté contre la résolution parce qu'ils ont considéré que c'était inutile.

Le compte rendu sténographique, faisant suite au rapport de Mᵉ Taillefer donnera la physionomie exacte du débat.

M. Joubert. — Ce que vous venez de dire, Monsieur le Président, comporte le vote d'une proposition qui a été faite et qui demandait que nous émettions un vœu dans le sens de l'article 4.

M. le Président. — Il est entendu que le compte-rendu sténographique devra reproduire les sentiments qui ont été exprimés ici, à savoir que les conventions internationales touchant les différents modes de transmission soient étendues dans ce sens.

M. le Président. — Reste à examiner la deuxième question : les droits des artistes exécutants.

La Commission a pu se mettre d'accord et prendre des conclusions que l'on va vous faire connaître.

La parole est à Mᵉ Bouruet-Aubertot.

Mᵉ Bouruet-Aubertot. — La Commission, qui s'est réunie avant cette séance pour examiner la question des droits des artistes exécutants, s'est mise d'accord pour vous présenter le texte suivant.

« La transmission radioélectrique ou par tout autre mode de l'exécu-
« tion d'une œuvre littéraire ou artistique ne peut être faite sans le con-
« sentement de l'interprète. » (*Assentiment général.*)

M. EEMAN. — Ne devrait-on pas ajouter le mot « intellectuelle » après le mot « œuvre » ?

M. LE PRÉSIDENT. — Non, il s'agit de la transmission : par exemple, aussi bien pour le conférencier en Sorbonne que pour le chanteur.

M. TARQUIS. — Le conférencier n'est pas un interprète : c'est un auteur.

M. DIEUSY. — Nous avons voulu parler des artistes exécutants et non des auteurs. Les auteurs ont leur sort réglé par les articles précédents. Nous voulons parler de l'artiste qui joue du violon, ou qui chante : c'est un exécutant.

M. EEMAN. — Oui, mais supposez une conférence scientifique écrite. Cette conférence tombe entre les mains de quelqu'un qui l'exécute devant le microphone de l'appareil transmetteur ?

M. JOUBERT. — Je crois que nous sommes en train de recréer le monde ! La question est jugée, archi-jugée, peut-être des milliers de fois. Le fait de reproduire une conférence est une contrefaçon si la reproduction est faite sans le consentement de l'auteur. Cela n'a rien à voir avec l'exécutant.

M. LE PRÉSIDENT. — N'oublions pas que nous ne sommes plus ici sur la question des droits d'auteur, mais que nous nous occupons des droits des artistes exécutants. On a voulu viser l'acteur qui est sur la scène ou le chanteur.

M. JOUBERT. — Évidemment ; il ne faut pas parler du conférencier !

M. Pierre CHAPELLE. — Il s'agit des instrumentistes ou des chanteurs.

M. LE PRÉSIDENT. — Alors, nous sommes tous d'accord pour adopter les conclusions de la Commission ? Je mets le texte proposé aux voix. (*Le texte est adopté.*)

L'ordre du jour étant épuisé, la séance est levée à 18 heures.

CINQUIÈME SÉANCE

Samedi 18 avril (16 heures)

___

Propriété industrielle et commerciale.

La séance est ouverte à 16 heures, sous la présidence de M. Tirman.

M. LE PRÉSIDENT. — Messieurs, M. Homburg a bien voulu se charger de présenter le rapport sur la question du « Droit de priorité d'exploitation des informations ».

Je lui donne la parole.

M. HOMBURG, *rapporteur*. — « L'avenir juridique sera ce que le feront les inventions à venir. » Cet aphorisme, dont l'auteur est Tarde et qui pourrait presque servir de devise à notre Comité, va servir d'épigraphe à mon rapport d'aujourd'hui.

Il est certain que le Droit, science vivante entre toutes, s'est modifié d'une façon considérable dans le siècle dernier, lequel a été le siècle des grandes inventions. A chaque transformation des conditions de la vie scientifique, et comme conséquence directe, de la vie économique, a correspondu une transformation du droit.

La radiotélégraphie et la radiotéléphonie, par les progrès économiques qu'elles suscitent, vont à leur tour bouleverser et bouleversent déjà certaines des notions juridiques admises jusqu'ici.

Nous avons vu, au cours d'une précédente séance sur la propriété artistique et littéraire, qu'un simple réajustement de l'ancien droit suffisait parfois. Dans la question qui nous occupe aujourd'hui, le droit admis craque de partout, et non seulement ses morceaux ne s'adaptent plus, mais encore ceux qui restent sont insuffisants! Il en faut d'autres.

C'est donc un nouveau droit qu'il faut créer aujourd'hui, tout au moins en partie.

Je ne crois pas qu'on puisse discuter le droit, pour une agence ou un journal, qui se sont procuré une information à grands frais, d'en user seuls et d'interdire aux tiers un usage qui leur appartient en propre.

Il y a là un droit privatif d'exploitation qui ressemble beaucoup à celui qu'on reconnaît depuis longtemps au commerçant de se servir seul du nom commercial, de l'enseigne ou de la marque qu'il a créée ou lancée.

Dans un cas comme dans l'autre, il y a création de valeur qui demande à être protégée.

Ici, il y a création de valeur évidente, car si les frais qui se trouvent dans l'actualité ne sont pas susceptibles d'appropriation privée, ils prennent, une fois soumis à la diffusion et à la présentation dans le public, une valeur commerciale qui se mesure facilement par le prix de revient de cette transformation du fait brut en information, prix de revient composé des frais d'installation et de rémunération des agents, de la rédaction des messages, de leur transmission, etc.

Ce principe posé, — et je crois que nous pouvons dire définitivement posé, — voyons comment peuvent se produire les atteintes à ce droit privatif d'exploitation des informations transmises par ondes radioélectriques, le mot information étant, bien entendu, pris ici dans son sens le plus général et comprenant non seulement les informations de presse proprement dites (informations politiques, économiques, sportives) mais encore les nouvelles de publicité, de finances, etc.

Poser clairement le problème nous aidera peut-être à le résoudre plus facilement.

Envisageons des hypothèses concrètes, les plus faciles.

Première hypothèse. — Une agence reçoit d'un correspondant éloigné une communication importante. Une agence concurrente intercepte la communication et la publie avant même que l'agence destinataire l'ait publiée.

Deuxième hypothèse. — La nouvelle dont s'agit, mieux protégée que la première, est arrivée à l'agence destinataire sans avoir pu être interceptée. (Hypothèse assez facile à prévoir avec l'emploi de codes chiffrés.)

L'agence destinataire répand aussitôt la nouvelle en indiquant sa source. Si l'agence adresse à son public ou au public en général, elle émettra, de préférence, en clair, de sorte qu'un concurrent pourra immédiatement, sans effort, en connaître le contenu et s'en servir pour son propre usage. Si, au contraire, elle s'adresse à sa clientèle, à la clientèle, par exemple, des journaux qu'elle a pour but de renseigner, elle l'émettra en chiffré ; le concurrent en sera quitte, pour la connaître, de s'aboucher avec un abonné complice, de façon à connaître le chiffre.

Dans tous les cas, une transmission immédiate par une deuxième, une troisième agence et ainsi de suite, est possible.

Il est certain que, dans les deux hypothèses faciles que nous avons envisagées, la concurrence réalisée causera un préjudice au véritable destinataire de l'information, en même temps qu'à l'émetteur primitif.

Pratiquement, le préjudice sera le même, que l'information ait été volée avant, en même temps, ou après la réception par le destinataire régulier, la concurrence étant, dans tous les cas, presque instantanée, c'est-à-dire possible avant que l'information ait perdu ce qui fait son prix, c'est-à-dire sa nouveauté et sa fraîcheur.

Ces quelques principes généraux étant posés, en fait, voyons comment nous allons pouvoir y adapter le droit actuel et, si ce droit est insuffisant, comment nous allons pouvoir le compléter.

Tout d'abord — et nous nous sommes expliqués très longuement sur ce point aux Assemblées générales du Comité, — il n'y a pas d'assimilation possible entre la nouvelle littéraire et l'information. Les informations n'ont point les caractères requis par les dispositions des conventions internationales relatives à la propriété intellectuelle, littéraire et artistique. Ce ne sont pas des œuvres de l'esprit et elles ne tirent point leur valeur de la personnalité de leur auteur.

C'est donc vers une autre notion, vers la notion de concurrence déloyale que nous devons nous tourner.

Cette question est régie actuellement par la Convention internationale de Paris, revisée à Bruxelles et à Washington (1883-1900-1911).

Voici l'article unique en la matière. Article 10 *bis* de la Convention d'Union.

« Tous les pays contractants s'engagent à assurer aux ressortissants « de l'Union une protection effective contre la concurrence déloyale. »

Le défaut de portée pratique de ce texte a fait que la question de la concurrence a été portée, tout d'abord en 1921, devant la Chambre de Commerce internationale, qui créa pour son étude une commission spéciale, à la suite d'une résolution du Congrès constitutif de Paris. De son côté, le Comité économique de la Société des Nations rédigea un projet contenant des amendements à la Convention, projet qui fut soumis à une conférence d'experts gouvernementaux convoqués par la Société des Nations en mai 1924.

Nous ne trouvons, ni dans ce dernier projet, ni dans celui de la Chambre de Commerce internationale, ni enfin dans les résolutions adoptées par la Société des Nations le 9 septembre 1924, aucune disposition particulière sur la concurrence déloyale visant spécialement les informations de presse.

Voici cet article :

« Art. 10 *bis*. — En vue d'assurer aux ressortissants de l'Union une « protection effective contre la concurrence déloyale, tous les faits de « nature à tromper le public en vue de lui faire accepter un produit ou « un fournisseur déterminé, les faits de dénigrement des concurrents, « la provocation des subordonnés à la violation des obligations résultant

« de la loi ou du contrat et généralement tous les actes contraires à la
« loi, aux usages commerciaux ou à l'équité, doivent donner ouverture,
« dans tous les pays contractants, à une action au profit de toute partie
« lésée.

« Les États contractants s'engagent, etc. »

Suit un article qui est complètement étranger à notre question. Et
enfin, nous lisons encore :

« Les États contractants s'engagent, en outre, à prendre les mesures
« appropriées pour interdire et réprimer tous actes et manœuvres sus-
« ceptibles de créer une confusion avec la personne, l'établissement ou
« les produits des concurrents par l'emploi abusif d'un nom ou d'une
« raison de commerce, d'une marque ou d'une enseigne, etc. »

Il y a là une lacune regrettable, car il apparaît des travaux préparatoires de ces deux assemblées qu'elles avaient pour but de préciser ce
qu'il y a lieu d'entendre par concurrence déloyale, l'article 10 *bis* actuel,
n'ayant pas de valeur pratique, à cause de la nature générale de ses
termes.

Il nous est donc permis de reprendre pour notre propre compte les
premières critiques faites au projet de la Société des Nations de ne
contenir aucune clause portant énumération, aussi précise que possible,
des actes illicites usuels de concurrence. Notre critique ne sera, d'ailleurs,
que la reproduction d'une question subsidiaire posée par le Conseil économique de la Société des Nations et dans laquelle il demandait s'il n'y
avait pas lieu d'insérer dans la Convention projetée une spécification
des principaux actes de concurrence déloyale, sans préjudice à la forme
générale.

Si, d'autre part, nous examinons les travaux des Experts eux-mêmes,
nous voyons qu'ils se sont contentés de reprendre le principe général
de la Convention d'Union (art. 10 *bis*) imposant aux États l'obligation
d'assurer une protection effective contre la concurrence déloyale et de
viser en particulier un seul des faits incriminables, celui de l'usage ou
de l'imitation des désignations commerciales et des descriptions ou représentations figuratives dans le but d'amener une confusion.

Mais s'ils ont ainsi repris la notion de concurrence déloyale prévue
par le projet primitif de la Société des Nations, ils ajoutaient, dans leurs
considérants, qu'ils estimaient possible et désirable d'établir, à titre
d'exemple, une liste des agissements constituant manifestement des
actes de concurrence illicite, et ils disaient que s'ils ne s'étaient pas
livrés à l'étude des moyens susceptibles d'arriver à cette fin, c'est qu'ils
ne l'avaient pas pu.

Il semble donc que notre Comité et notre Congrès se doivent à eux-mêmes de proposer des textes modificatifs à la Convention de Paris, notamment, de l'article 10 *bis* si insuffisant. Nous aurons ainsi l'avantage de le faire en pleine conformité des vœux émis à ce sujet par les deux grands organismes internationaux avec lesquels notre Comité s'efforce d'établir les liens de collaboration les plus étroits : la Société des Nations et la Chambre de Commerce internationale.

Nous arrivons ainsi aux propositions très générales suivantes :

Le premier émetteur par ondes radioélectriques d'une information jouirait d'un droit de priorité d'exploitation. Ce droit comporterait le droit exclusif de faire ou d'autoriser toute transmission et toute utilisation quelconques de cette information ; et toute utilisation d'une information faite au mépris de ce droit constituerait un acte de concurrence déloyale.

Mais notre œuvre ne sera pas achevée lorsque nous aurons préconisé ainsi l'insertion dans la Convention de Paris d'un texte visant la concurrence déloyale en matière de presse.

Il ne suffit pas, en effet, de poser un droit, il faut encore le préciser et en tracer les limites. Bien plus, nous allons voir que si le droit de l'exploitant n'est pas défini, il sera parfaitement inopérant. Or, l'action, pour être parfaite, doit être à la mesure de l'intérêt qu'elle doit défendre.

En effet, qu'entend-on actuellement, dans la plupart des jurisprudences, par concurrence déloyale en matière d'informations ? Je ne crois pas me tromper en disant que c'est le fait de recueillir ces informations et de les publier avant ou concomitamment à leur vulgarisation sur la voie publique par celui qui se les est régulièrement procurées.

Une fois cette vulgarisation faite, on dit que les informations sont tombées dans le domaine public et chacun a le droit, à partir de ce moment, de les reproduire à son gré.

Cette protection qui a été ainsi donnée en matière de publication par voie des journaux a paru jusqu'ici suffisante. Pourquoi ? C'est qu'il s'écoule toujours un temps assez long entre le moment où celui qui recueille une information publiée dans la rue, l'imprime et la publie à son tour. Le temps de procéder à ces quelques formalités et la nouvelle est déjà défraîchie ; le droit de l'informateur est sauf.

Mais si nous gardions le même critérium en matière d'informations par radio, nous risquerions de ne donner aux intéressés qu'un semblant de droit, lequel ne pourrait être exercé pour cette seule raison à savoir que si, en matière de publication par journaux, l'information subit, dans son évolution vers la connaissance publique, trois étapes, parfois d'une durée assez longue : transmission, impression, publication, en matière de radio, ces trois opérations, pouvant se combiner dans certains cas, peuvent toujours ou presque toujours se produire concomitamment, de sorte que l'information n'est pas plutôt lancée qu'elle se trouve publiée, c'est-à-dire tombée dans le domaine public.

Pour prendre un exemple, une agence A émettant une information à 4 h. 5′ 1″ sur une longueur d'ondes de 1 800 mètres, se verra, dans le droit actuel, privée de recours contre d'autres agences d'information B, C, D, qui, quelques secondes après l'information de 4 h. 5′ 1″, vont pouvoir, sans bourse délier, et sans autre peine que d'accorder leur appareil récepteur, distribuer, de minute en minute, sur d'autres longueurs d'ondes, à leurs propres abonnés et sous leur nom, la même information.

Il faut donc fixer un délai pendant lequel la première agence d'information de radio-informations A pourra interdire aux agences B, C, D ou à leurs abonnés de se servir de la nouvelle.

Ici, la question devient extrêmement délicate : il s'agit de savoir quelle durée nous allons donner à ce droit de protection.

En effet, j'ai voulu maintenir la notion que la perte du droit est encourue par le seul fait que la nouvelle est tombée dans le domaine public. Et il nous faut reculer ce dernier moment à une époque suffisamment éloignée pour que la protection soit efficace. Le Comité, pour la détermination de ce terme, a cherché à innover le moins possible et il s'est inspiré d'une jurisprudence de la Cour suprême des États-Unis, jurisprudence qui s'est fait jour à propos du procès intenté par l'Associated Press contre le syndicat de presse Hearst et d'après laquelle les informations sont protégées tant « que leur valeur commerciale, en tant « qu'information n'a pas disparu, tant pour le demandeur que pour ses « clients ».

Il est donc reconnu et jugé aux États-Unis qu'une nouvelle tombe réellement dans le domaine public, non pas dès l'instant où l'ayant imprimée, son propriétaire l'a distribuée aux abonnés, mais du moment où cette clientèle la livre au public. C'est ainsi qu'une nouvelle d'agence d'information de New-York est protégée jusqu'au moment où la totalité des abonnés de cette agence et de sa clientèle ont pu la recevoir et l'utiliser. Par conséquent, des correspondants particuliers ne pourraient pas la publier dans la presse de New-York, avant que les abonnés de San Francisco l'aient reproduite.

Cette question de délai est extrêmement délicate. La durée qu'il serait nécessaire de fixer internationalement est essentiellement variable, suivant les pays, suivant la nature des informations, et aussi le mode de transmission. C'est pourquoi le Comité s'est arrêté aux textes suivants :

« 6° Le premier émetteur par radiotéléphonie ou par radiotélégraphie
« d'une information (de presse, de finances, de publicité), jouira d'un
« droit de priorité d'exploitation ;

« 7° Ce droit comportera le pouvoir exclusif de faire ou d'autoriser
« toute transmission et toute utilisation quelconques de cette informa-
« tion, tant que la valeur commerciale de celle-ci n'aura pas disparu,
« sans que, cependant, la durée de ce droit puisse dépasser vingt-
« quatre heures à compter de la première émission ;

« 8° Toute utilisation d'informations faite contrairement aux dispo-
« sitions qui précèdent sera présumée constituer un acte de concur-
« rence déloyale et sera, comme telle, réprimée par la loi, sans préjudice
« d'une action en réparation du dommage causé au premier émetteur. »

Nous pourrions utilement, comme conclusion plus générale de nos
travaux, rapprocher ces textes de l'article 2 de la Conférence télégra-
phique de Pétrograd, laquelle déclare simplement que les administrations s'engagent à prendre toutes les dispositions nécessaires pour assurer la sécurité des correspondances. Nous pouvons les rapprocher
également des termes de l'article 46 de la dernière Conférence de
Washington, conférence qui n'a pas encore été ratifiée par les États intéressés :

« Les États contractants ont la faculté de prendre entre eux des dis-
« positions en vue d'organiser et de surveiller... »

Il semble en effet que la combinaison de ces différents textes doit
donner aux très justes intérêts des premiers émetteurs des droits et
des sanctions suffisantes, cependant que la science, en inventant des appareils de chiffrage sans cesse perfectionnés, travaille à leur donner les
armes préventives que le droit, malheureusement, est impuissant à leur
assurer ! (*Vifs applaudissements.*)

M. LE PRÉSIDENT. — Vos applaudissements soulignent l'heureuse
impression que vous a produite l'exposé si remarquable de notre collègue M. Homburg.

Après nous avoir fait toucher du doigt les abus qui peuvent naître
de la radio-diffusion, il a recherché si, dans les conventions internationales intervenues, il y avait des dispositions qui permettaient de
parer à ces abus. Il nous a montré que, sur ce point, il y avait une lacune et il nous a proposé des textes qui sont actuellement soumis à vos
délibérations.

Je suis certainement votre interprète en remerciant M. Homburg de
ce travail si complet, dans lequel il a pris soin de nous faire connaître
l'évolution de la jurisprudence et de nous indiquer quels étaient les travaux en cours dans les différents organismes internationaux.

Au moment où vous êtes appelés à délibérer sur le droit de priorité d'exploitation des informations de presse, je dois vous rappeler que, dans notre première séance, vous avez déjà pris une délibération qui engage le principe.

Vous avez estimé, en effet, au § 2, qu'aucune exploitation commerciale d'une émission ne pouvait avoir lieu sans entente avec l'émetteur. Aujourd'hui, on vous demande de faire une application de ce principe sur un cas particulier d'émission, cas extrêmement intéressant ; mais je considère que les propositions que l'on vous soumet, sous les numéros 6, 7 et 8 sont, en réalité, une application du principe général posé par le § 2. Je ne parle pas du droit de propriété intellectuelle indiqué au § 3.

La discussion est ouverte sur ces conclusions que je relis :

« 6° Le premier émetteur, par radiophonie ou par radiotélégraphie,
« d'une information (de presse, de finances, de publicité) jouira d'un
« droit de priorité d'exploitation. »

M. Capitani. — Je parle ici à titre personnel et non pas comme représentant du gouvernement italien parce que, comme tel, j'ai seulement le devoir de vous écouter. Mais, en mon nom personnel et en tant que membre de ce Congrès et de la Chambre de Commerce internationale, qui s'est occupée de la question de la concurrence déloyale, je dois dire que j'ai entendu avec un très grand intérêt et un très grand profit personnel, le remarquable rapport de mon confrère M. Homburg. Je dois le féliciter non seulement de sa netteté, mais aussi de la hardiesse de certaines conclusions auxquelles il est arrivé.

En ce qui concerne la façon en quelque sorte incomplète dont la question de la concurrence déloyale a été étudiée par la Chambre de Commerce internationale, je dois dire que nous nous sommes préoccupés surtout de ce que la concurrence déloyale signifiait et du préjudice qu'elle peut apporter à ce que l'on entend par le commerce et l'industrie.

Ici, nous sommes dans un domaine un peu spécial et nous n'avons pas cru devoir l'aborder. Mais, comme M. Homburg nous l'a fait entendre, le Congrès de la téléphonie sans fil va se mettre en rapports avec la Chambre de Commerce internationale : je suis très heureux que des rapports intimes puissent être établis entre le Comité permanent de la T. S. F. et notre grande organisation internationale ; je serais également très heureux que, non seulement ce vœu, mais tous les vœux de ce Congrès soient communiqués à la Chambre de Commerce internationale, afin qu'elle puisse les étudier et en délibérer dans ses réunions.

Je dois avouer que j'ai quelque hésitation, personnellement, à admettre la conclusion à laquelle notre remarquable rapporteur est arrivé.

Accorder un droit de priorité d'exploitation, même limité dans le temps, à un émetteur d'information me paraît être extrêmement dangereux pour la liberté de la recherche et de la communication des informations que nous appelons d'habitude « informations de presse ».

Il se peut qu'une agence d'information arrive en même temps qu'une entreprise exploitant la téléphonie sans fil, à avoir connaissance du même fait, mais que, ne disposant pas des mêmes moyens de transmission rapide, elle se trouve prévenue par l'entreprise de transmission dans la diffusion de cette nouvelle. Or, si nous admettons un droit privatif en faveur des exploitants de T. S. F., nous arrivons à paralyser le droit d'une autre ou de plusieurs autres agences disposant de moins de moyens rapides de communication, uniquement parce que la même nouvelle, que l'une et l'autre se sont procurée à grands frais, n'a pu atteindre le public avec la même rapidité.

C'est une hésitation dont je me permets de faire part ; vous en tiendrez le compte que vous voudrez, mais j'estime que, actuellement, l'état de la technique radiotéléphonique, comme sa pratique, ne sont peut-être pas assez avancés pour nous permettre de préjuger d'une question aussi grave qui touche à des intérêts énormes et dont le domaine d'application dépasserait de beaucoup celui de la T. S. F., parce que ce serait, en quelque sorte, réglementer les droits de tout possesseur, de tout premier possesseur d'une nouvelle quelconque.

En effet, il n'y aurait pas de raison pour que le droit que nous reconnaissons à l'exploitant d'un poste de radio ne soit pas reconnu à une agence dont le moyen de diffusion est différent. Si nous admettons un droit privatif pour l'exploitant de la T. S. F., il faudrait accorder le même droit à n'importe quelle agence dont le moyen de diffusion serait d'une autre nature.

C'est pour cela que je ne sais pas si, en l'état actuel de la diffusion radioélectrique, nous sommes en droit de poser un principe aussi grave qui, en quelque sorte, constituerait une barrière au développement ultérieur de cette invention considérable, barrière qui, par la suite, pourrait ne nous paraître ni juste ni équitable. (*Applaudissements.*)

M. HOMBURG. — Je voudrais répondre très brièvement à mon honorable contradicteur. Je lui demanderai de lire très attentivement avec moi la deuxième ligne de l'article 8.

« Toute utilisation d'informations faite contrairement aux dispositions « qui précèdent sera présumée constituer un acte de concurrence dé- » loyale... »

Nous ne voulons pas interdire à tout informateur de bonne foi qui se sera procuré une information avec quelque retard sur un autre informateur, le droit de se servir de cette information. Nous voulons dire que, devant les difficultés que nous rencontrerons souvent, nous, premier émetteur, d'établir que le concurrent aura été de bonne foi ou non et de savoir comment il se sera procuré cette bonne nouvelle, nous avons intérêt à créer une présomption de concurrence déloyale, présomption qui tombera si l'émetteur venu en second peut prouver l'origine de cette information et son droit de la signer de son nom. Nous créons tout simplement une présomption.

M. EEMAN. — Oui, et je suis d'accord en principe avec M. Homburg. J'en profite, puisque j'ai la parole, pour répéter ce qu'a dit tout à l'heure notre président, c'est-à-dire que nous rendons tous hommage au remarquable rapport qui a été fait avec clarté, netteté, précision et d'une façon si complète.

Je partage absolument, en principe, les idées de M. Homburg, mais je voudrais faire quelques petites observations sur le texte même. Avant de parler du texte, je crois qu'il faudrait d'abord se mettre d'accord sur le principe.

M. LE PRÉSIDENT. — Suivant notre méthode, nous ne discutons pas sur les mots, mais sur les idées. Quand on sera d'accord sur les idées, l'accord sur les mots sera facile pour établir une formule. Ce n'est donc pas sur la forme, mais sur le fond que nous discutons.

M. TABOUIS. — Je crois qu'il s'est établi une confusion, autant qu'il m'est apparu des explications de M. le représentant de l'Italie et que la divergence de manière de voir avec notre rapporteur résulterait peut-être des mots employés au début de l'article 6 : « Le premier émetteur... »

Il semble, dans l'esprit de beaucoup, et la chose résulte des explications qui nous ont été données, que, en parlant de l'émetteur, on ait voulu opposer fâcheusement l'émetteur et l'agence d'information. Nous considérons — et au cours des travaux auxquels j'ai participé, c'est bien l'idée qui s'est dégagée — que, par l'émetteur, on a voulu envisager aussi bien l'agence que celui qui se charge de faire la transmission de la nouvelle recueillie.

Je crois que la confusion qui s'est produite, et semble opposer les intérêts respectifs des agences d'informations et des postes d'émission n'existe pas. Il est évident que l'exploitant d'un poste pourrait se transformer en agence d'informations spécialisée dans la transmission ; mais nous sommes sur le terrain de la concurrence commerciale commune.

Je crois donc que ces mots : « Le premier émetteur » doivent être précisés dans les explications que nous aurons à fournir. Ils s'appliquent aussi bien à l'exploitant d'un poste émetteur qu'à l'agence qui utilise cette émission.

M. Bouruet-Aubertot. — En réalité, le premier émetteur serait, dans la pensée de M. Tabouis comme dans la mienne, le premier informateur.

M. Tabouis. — C'est cela.

M. Bouruet-Aubertot. — Et alors, la seule question à résoudre est celle du critérium qui permettra de reconnaître le premier informateur et d'appliquer à celui-ci l'appellation de premier. Je crois que, dans la pratique, ce sera le moment de l'émission qui déterminera cette qualité de premier informateur ; mais le titulaire du droit, c'est le premier informateur, le propriétaire de l'information.

M. Welti. — C'est-à-dire celui qui remet l'information au poste pour être transmise.

M. Landrien. — Un second, qui a eu la même information, peut la remettre au même poste cinq minutes après et, à la réception, ce n'est pas vingt-quatre heures, mais cinq minutes que le premier aura d'avance pour conserver son droit de priorité.

M. Welti. — C'est tout à fait cela.

M. Capitani. — Je suis très heureux de ces explications, parce qu'elles prouvent que je n'avais pas tort en disant que la question qui nous occupe est plus étendue que la question de la transmission par T. S. F.

Il s'agit de voir si le premier diffuseur, pour ainsi dire, d'une nouvelle, a un droit privatif à l'égard de tous les autres qui pourraient venir après lui.

C'est à ce sujet que je me suis permis de vous faire part de mes hésitations en disant : c'est en quelque sorte préjuger d'une question très délicate, parce qu'il s'agit de voir si, en réalité, et pourquoi celui qui a le premier diffusé une nouvelle, a des titres suffisants pour pouvoir primer les autres qui ont eu peut-être beaucoup plus de peine à se procurer cette nouvelle, mais qui ont été moins empressés à la répandre.

Je sais ce que vous allez me répondre : il faut être diligent. C'est exact, mais, tout de même, il me semble que priver les autres, qui pourraient avoir eu connaissance de la nouvelle, du droit de la porter à la connaissance du public pendant une durée qui pourrait être de vingt-quatre heures, c'est beaucoup.

M. Houssaye. — Ce n'est pas ce que l'on a voulu dire : le texte a besoin d'être éclairé.

M. Capitani. — S'il s'agit simplement d'appliquer les dispositions actuellement en vigueur ou les principes généraux du droit que nous sommes tous les jours appelés à appliquer ou à interpréter, je me rallie à votre manière de voir, étant entendu que nous visons toutes les formes de la concurrence déloyale. Si on arrive à prouver qu'une agence, ou n'importe qui, par des moyens qui tombent sous le coup de la concurrence déloyale, porte préjudice à une entreprise d'exploitation de radio pour la diffusion des nouvelles, nous sommes d'accord qu'il faut réprimer les manœuvres de cette sorte.

Mais, où je me permets d'insister, c'est sur l'inopportunité de nous prononcer sur la création de ce nouveau droit dont nous parlait M. Homburg. C'est sur cette question que je voudrais que l'on nous donnât le temps de réfléchir avant de nous prononcer d'une façon définitive.

Appliquer le droit existant en ce qui concerne la concurrence déloyale, d'accord ! mais quant à créer un droit nouveau, privatif, commercial, sur les nouvelles de presse, je voudrais que l'on réservât cette question, au moins pour un congrès ultérieur.

M. Dieusy. — Il est certain que la matière sur laquelle nous discutons est délicate, parce qu'elle est essentiellement nouvelle. Quant à moi, il y a deux mots qui attirent mon attention dans le texte qui nous est proposé. On veut créer un droit de priorité au profit d'une sorte de premier occupant.

J'ai entendu tout à l'heure avec un intérêt particulier les explications fournies en d'excellents termes par notre collègue italien; elles me paraissaient résumer la pensée précisée par M. Landrieu. Je crois que l'on crée là un droit qui, conçu dans les termes proposés, peut être extrêmement dangereux.

Ce n'est pas un droit d'antériorité qu'il faut créer ; il n'y a pas de droit d'antériorité : il y a un droit ou il n'y en a pas ! pas besoin de le qualifier.

Supposons un événement au Japon. Tous les informateurs du Japon, qui sont les témoins de cet événement, possèdent la même nouvelle au même titre et se la sont procurée de la même façon. Ils se présentent au guichet de l'agence ; il y en a un qui a le numéro 1 ; mais quelques secondes après la même information est transmise par un informateur entretenu sur les lieux à grands frais. Ce second informateur a-t-il moins de droits que le premier ? Pouvez-vous parler d'un droit de priorité ? Il n'y a un droit que tant qu'il va durer, peut-être sera-ce quelques secondes, car vous savez que la T. S. F. est instantanée. Comment pourrez-vous dire, alors, que le premier a un droit de priorité qui va pouvoir se perpétuer pendant une période de quelques heures ? C'est, à mon sens, de toute impossibilité !

Ce qu'il faut interdire — et là je crois que nous sommes tous du même avis, — c'est ce qu'on a appelé la concurrence déloyale.

Vous ne pouvez pas puiser dans la première information un moyen de vous enrichir vous-même, profiter de cette information pour la transmettre à d'autres personnes qui, n'étant pas abonnées, vont en profiter. Mais si vous recevez cette information par une autre voie, d'une autre manière, rien ne vous empêche de la mettre à profit, bien que ce soit la même information.

Voici ce qui me préoccupe, parce que je crains qu'avec le texte qui nous est proposé, on donne au premier informateur un droit qui ne lui appartient pas. La nouvelle est publiée ; reste à la transmettre : cela dépend des moyens que l'on possède. J'ai les mêmes moyens que vous ; je les mets en œuvre quelques secondes après vous : je suis déchu !

Voilà ce qui me permet de confirmer ce qui a été dit tout à l'heure : il ne faut pas créer un droit là, parce qu'il y aurait une sorte d'équivoque. Il ne faut pas faire croire au premier informateur qu'il aura un droit exclusif d'utiliser l'information. Non : il a un droit qui, tant qu'un autre ne sera pas venu le lui prendre, pourra subsister à son profit.

La concurrence déloyale, il faut la prohiber, mais la concurrence courante, il faut l'autoriser ! (*Applaudissements.*)

M. MAILLARD. — La question que nous traitons ici au point de vue de la T. S. F. est une question infiniment délicate et dont il faut se méfier, parce qu'elle touche directement à d'autres principes, à mon avis préexistants, ceux du droit sur l'information de presse.

Avant d'examiner ce que nous devons dire au point de vue de la transmission de l'information de presse, il faut que nous sachions bien, d'abord, ce que c'est que l'information de presse, quel est le droit qui peut exister sur l'information de presse.

C'est une question qui a été examinée, d'autre part, à d'autres points de vue, d'une façon plus générale. Si nous nous reportons à ce qui a été dit et ce qui a été écrit sur cette matière, nous voyons qu'à l'heure actuelle, on ne peut pas considérer qu'il y a un droit de propriété littéraire ou artistique ou une propriété quelconque sur l'information de presse.

Ceux d'entre vous que cette question intéresse n'auront qu'à se reporter au travail si complet de M. Rœthlisberger, qui a paru dans le journal *le Droit d'auteur*, de Berne. Vous verrez cette question très étudiée.

D'abord, on a parlé de la Convention internationale de Berne : il est certain qu'elle ne s'applique pas aux informations de presse ; elle ne s'appliquera qu'à la forme des informations. Il est bien entendu que tout ce qui a reçu une forme particulière, la phrase dans laquelle l'information aura été résumée, si elle a un caractère quelconque de personnalité, sera protégée par la Convention de l'Union de Berne. Nous n'avons donc pas à nous en préoccuper.

Nous sommes seulement en présence de l'information de presse pure et simple, indépendamment de la forme donnée. Eh bien ! c'est un fait : quand elle a été publiée elle appartient à tout le monde. Il ne peut pas rester un droit quelconque sur l'information de presse après sa divulgation.

Mais les informations de presse se trouvent protégées contre la concurrence déloyale dès à présent, par les législations intérieures et par l'article 10 *bis* de la Convention d'Union de la propriété industrielle.

Tout cela ne fait pas de doute et voici les applications qui en ont été données, notamment en France, et qui sont admises par tout le monde.

Prenez une information de presse pure et simple, publiée dans un journal, dans un pays, transmise par télégraphie et destinée à être publiée dans une feuille envoyée par une agence à tous ses abonnés. Une fois que la feuille a paru, cette nouvelle a été divulguée, tout le monde peut s'en servir, la reprendre. La concurrence déloyale consistera à s'emparer illicitement de cette nouvelle avant sa publication et la jurisprudence française, à laquelle on faisait allusion, a considéré comme un acte de concurrence déloyale le fait, pour un journal, de se procurer la nouvelle en se faisant remettre, par un employé infidèle, la morasse de la feuille et de publier ainsi la nouvelle en même temps que les abonnés de l'agence.

Voilà la concurrence déloyale, parce qu'on s'est servi de la nouvelle avant qu'elle ait été divulguée.

La seule question qu'il faut se poser en matière de T. S. F., c'est de savoir à quel moment la divulgation existe. Une fois la divulgation faite, tout sera licite. Si, au contraire, vous publiez la nouvelle avant qu'elle ait été divulguée, alors vous aurez fait acte de concurrence déloyale.

La transmission d'une information de presse par la radiophonie ou la radiotélégraphie n'est pas une divulgation. Vous avez fort bien dit dans une séance précédente, sous le n° **2** de vos résolutions : « Aucune exploitation commerciale d'une émission ne peut avoir lieu sans entente avec l'émetteur. »

Quel que soit le sens du mot « émetteur », c'est clair et cela veut dire que le secret reste sur les communications radioélectriques : le secret au moins au point de vue commercial. La transmission reste secrète, c'est-à-dire qu'on ne peut pas s'en servir commercialement. Par conséquent, avant la publication dans un journal, lorsque la nouvelle n'aura été transmise que par radiotéléphonie, qu'elle ne sera pas livrée au public, ne pourront s'en servir que ceux qui l'auront reçue directement de l'émetteur, et qui en font une exploitation commerciale avec le consentement de l'émetteur. Mais, une fois que la nouvelle aura été publiée par les journaux abonnés de l'émetteur, par exemple, c'est fini : elle est livrée au public, il y a divulgation et il ne peut y avoir concurrence déloyale.

Voilà, à mon avis, des règles très simples, qui sont extrêmement faciles à appliquer, si vous maintenez le paragraphe 2 de vos résolutions. C'est le caractère secret ou de divulgation de la transmission radiotéléphonique de n'importe quoi qui décide tout.

C'est pourquoi je ne trouve pas, quant à moi, qu'il soit bien utile de voter les numéros 7 et 8 comme vous le proposez. Je crois au contraire que ces textes ne feraient que créer des dangers.

Ce qui m'a frappé, dans les observations qui ont été faites, c'est que, lorsque la Chambre de Commerce internationale a fait une énumération des faits de concurrence déloyale, elle en a oublié. En tout cas, actuellement nous pouvons, je crois, couvrir de manière complète, par les règles que je viens de poser, tous les droits légitimes des informateurs et des agences : ils n'ont rien à redouter.

Maintenant, est-il possible d'ajouter, dans la Convention d'Union de la propriété industrielle quelque chose à l'article 10 *bis* ? Je ne le crois pas non plus, parce que ce serait abîmer la Convention d'Union industrielle que d'y trancher des questions particulières. S'il y avait à dire quelque chose de spécial pour la T. S. F., il faudrait le faire dans un arrangement particulier, spécial à la T. S. F. Et je ne crois pas que ce soit nécessaire ; mais on ne pourrait pas mettre une disposition de ce genre dans la Convention d'Union qui se place à un point de vue général.

A l'heure actuelle, il n'y a que les mots « concurrence déloyale ». Qu'est-ce que nous voulons faire ? Nous voulons, dans l'article 10 *bis*, à la Chambre de Commerce internationale, notamment, préciser un peu les cas de concurrence déloyale. Mais nous n'avons pas la prétention de les examiner tous, même dans l'article 10 *bis* que nous revoyons. Nous ne mettrons que des principes ; nous ne ferons pas d'applications particulières et la Chambre de Commerce internationale a fait une distinction très sage. Elle propose de mettre dans l'article 10 *bis* des principes pour la répression de la concurrence déloyale et de présenter ensuite un certain nombre de cas de concurrence déloyale qu'il serait souhaitable de faire admettre par les législations intérieures. C'est dans ces catégories de faits de concurrence déloyale qu'après avoir lu le rapport de M. Homburg, j'ai constaté qu'en effet il y avait une lacune et que même la concurrence déloyale en matière d'informations de presse, telle qu'elle a été réprimée par les tribunaux français, ne serait pas comprise. Je crois que cela montre surtout le danger des énumérations. Pour ma part, je n'étais pas d'avis de faire des catégories, parce que j'estime que vous en oublierez toujours. La concurrence déloyale est quelque chose d'infiniment variable. Vous ne pouvez pas deviner les espèces et faire des catégories. Mais si on veut en faire, je crois qu'en effet il sera bon d'en prévoir une visant ces cas.

Et il y aurait quelque chose à faire, si le principe que vous avez établi dans notre numéro 2 n'était pas adopté.

Si l'on admettait que la transmission par radiotéléphonie, en réalité, jette tout dans le domaine public, qu'on ne puisse rien retenir, qu'elle ne soit pas secrète, alors, il y aurait des mesures de défense à prendre. Ce sont les mesures que M. Tabouis, dans un autre rapport, avait si bien expliquées, en montrant qu'il serait peut-être prudent, pour les agences d'information, d'employer des procédés techniques pour garder le secret de la transmission.

M. Tabouis avait montré que c'était difficile, mais non impossible.

Je me préoccupe, avec le plus grand soin, de donner satisfaction aux agences d'informations ; je reconnais leurs droits qui sont incontestables ; mais je crois que, si on admettait les idées que je viens de développer, ces agences n'auraient, en aucune façon, à se plaindre. (*Applaudissements.*)

M. LE PRÉSIDENT. — Je remercie Mᵉ Maillard des observations qu'il vient de présenter.

Après avoir entendu ses observations et en les confrontant avec celles de M. Capitani, de M. Ecman, de M. Dieusy et de notre rapporteur, on pourrait penser qu'il y a dans notre esprit un certain désaccord. Cependant, si nous voulons aller au fond des choses, je crois qu'il sera possible de démontrer que l'accord existe sur les principes directeurs. Le désaccord porte sur l'expression qu'il convient de donner à notre pensée.

Il y a un point sur lequel l'accord est fait et sur lequel nous avons l'unanimité dans son véritable sens, à savoir que, comme nous l'avons dit dans notre numéro 2, aucune exploitation commerciale d'une émission radioélectrique ne peut avoir lieu sans entente avec l'émetteur. Le principe est là. Tout ce que nous dirons après ne sera qu'une application, un corollaire de ce principe.

Il y a un autre point sur lequel nous sommes d'accord : c'est que les règles de la concurrence déloyale s'appliquent au pillage de l'éther comme à tous les autres pillages et qu'il est dans notre dessein de le saisir. Vous admettez le principe de la propriété de l'émetteur et son corollaire : la répression de la concurrence déloyale. Mais les observations ont démontré que notre texte n'était pas parfait et qu'il méritait des commentaires et des critiques.

Ceci tient peut-être à ce fait que nous voulons, dans un texte très bref, mettre des directives générales et, comme je le disais dans notre première séance, des recommandations aux gouvernements. Nous ne rédigeons pas des conventions ici : nous appelons l'attention des pouvoirs publics, chacun chez nous, sur des considérations et, pour bien éclairer notre effort, nous avons cru utile d'ajouter des commentaires.

Ces commentaires peuvent prendre place, soit dans la formule, soit dans le rapport. Nous nous sommes trouvés hier devant cette situation. Nous avions un § 4 qui suivait un § 3. Mᵉ Maillard n'était pas là ; autrement, il aurait vu que nous avions tous reconnu que dans le § 4 nous ne donnions qu'un commentaire du § 3 et que nous ne voulions qu'une chose : nous rattacher ici, comme sur tout autre point, à des principes directeurs, dont nous nous bornons à faire l'application à une matière nouvelle : la transmission radioélectrique.

Le principe étant admis — et je désire qu'il soit constaté que dans cette salle il y a unanimité à ce point de vue, — je vous demande de continuer ce que nous avons fait pendant trois séances : collaborer avec nous aux formules qui vous sembleront les meilleures pour exprimer notre pensée commune.

Mᵉ MAILLARD. — On pourrait résumer cette idée que je développais tout à l'heure, mais, dans ma pensée, on n'aurait pas à demander quelque chose de particulier, soit dans les législations, soit dans les conventions ; on pourrait, sous cette rubrique, se reporter au principe posé dans le numéro 2 des propositions qui ont été formulées et dans les considérants.

M. TABOUIS. — Je crois qu'il est possible de réunir les numéros 6 et 7 en un seul article qui rappelle le principe posé dans l'article 2 et qui résume en même temps les observations présentées par Mᵉ Maillard, tout à l'heure, lesquelles établissent une certaine distinction entre la concurrence déloyale par captation illicite et l'exploitation commerciale proprement dite ; c'est-à-dire qu'aucune exploitation commerciale à la réception d'une information transmise par radio ne peut avoir lieu par d'autres récepteurs que celui à qui elle est adressée, à moins d'entente préalable avec l'émetteur de cette information, tant que la valeur commerciale de cette information n'aura pas disparu.

M. le PRÉSIDENT. — Je crois que ce serait faire application d'un mauvais principe que de transformer un texte admis, mais je rappelle le texte de l'article 2 :

« Aucune exploitation lucrative d'une émission par une personne à

« laquelle cette émission n'est pas destinée ne peut avoir lieu sans in-
« demnité. »

C'est très clair.

M. QUINTIN. — Je suis en accord parfait avec les principes exposés
par Me Maillard.

En réalité, comme le rappelait le Président, il n'y a pas désaccord
entre nous ; nous sommes tous disposés à admettre des dispositions sur
la législation contre la concurrence déloyale, mais il y a dans la formule préconisée par le rapporteur quelque chose de plus.

Dans l'article 8, il introduit une présomption et c'est là, je crois, le
seul point sur lequel il y ait une discussion possible.

Un principe est acquis : la concurrence déloyale est passible de
répression.

Mais il reste la preuve de la concurrence déloyale. Doit-on, en faveur
de la radiotéléphonie, créer cette présomption qui est une chose très
grave ? Il y a tendance à créer aussi la présomption pour la circulation
automobile ; il y a là une voie très dangereuse dans laquelle on ne doit
s'engager qu'avec beaucoup de circonspection.

Je comprends très bien le mobile auquel obéit Me Homburg, parce
qu'il y a la difficulté de la preuve et c'est cette difficulté de la preuve
qui a amené les esprits à chercher une solution pratique.

Je ne me déclare pas hostile à cette présomption, mais je suis un peu
de l'avis de M. le délégué de l'Italie : je voudrais ne me prononcer
qu'après mûre réflexion.

Je suis donc d'accord sur le principe, mais je fais des réserves pour le
surplus.

M. HOUSSAYE. — Je voudrais faire une petite rectification. Vous parlez ici du premier émetteur ; nous avions dit au début : le premier informateur. Il vaut mieux maintenir premier informateur.

M. LAGOUELLE. — Je proposerai de faire passer l'article 8 au numéro 3
comme une conséquence du principe exposé dans l'article 2.

Ce serait, en quelque sorte, un commentaire qui resterait.

M. LE PRÉSIDENT. — Votre idée pourrait se raccorder avec la pensée
de M. Capitani qui a trouvé son expression dans un amendement qu'il
présente.

M. CAPITANI. — Je ne voudrais pas que ce texte fût présenté au nom
de l'Italie, parce que je n'ai pas qualité pour le faire.

M. LE PRÉSIDENT. — Non, nous sommes ici entre juristes et nous
cherchons simplement à nous mettre d'accord sur des principes.

M. CAPITANI. — Il me paraît que ce qui se dégage de cette discussion,
c'est que nous sommes tous d'accord sur un point : c'est-à-dire que,

dans le domaine de la radiotéléphonie, il faut appliquer les dispositions et les interprétations de la jurisprudence concernant la concurrence déloyale.

J'estime que, pour le moment, il faudrait nous en tenir là.

C'est dans cet ordre d'idées que je me suis permis de remettre à notre président un texte extrêmement court, qui ferait pendant au numéro 3 que nous avons voté hier. Comme nous avons appliqué les dispositions concernant la propriété industrielle au domaine de la radiotéléphonie, de même, nous pourrions appliquer à notre champ d'étude actuel les dispositions concernant la concurrence déloyale, sauf, ensuite, à voir s'il y a lieu de créer un droit nouveau.

M. LE PRÉSIDENT. — Dans cet esprit, M. Capitani me fait passer le texte suivant :

« La répression de la concurrence déloyale reconnue en matière com« merciale et industrielle par la Convention internationale de Paris, « revisée à Bruxelles, s'applique à la diffusion des informations de presse, « finances, etc., publiées par la voie radioélectrique. »

M. DIEUSY. — Ce serait une addition ?

M. LE PRÉSIDENT. — Nous ferions ainsi une œuvre très correcte. Nous avons envisagé un principe au § 2 : le pillage de l'éther ; puis nous arrivons à la propriété industrielle et nous visons la Convention internationale de Berne ; nous saluons au passage les artistes exécutants en réservant leurs droits et nous appliquons le principe aux informations, en visant la concurrence déloyale.

Puisque j'ai collaboré aux textes soumis, je puis donner mon avis, mais je voudrais connaître le sentiment de M. Homburg, notre rapporteur.

M. HOMBURG, rapporteur. — En principe, je suis absolument d'accord avec M. Capitani et avec sa proposition qui répond à une des deux préoccupations de mon rapport.

Ma première préoccupation était de faire rentrer dans les termes de l'article 10 bis le cas qui nous préoccupe.

La seconde était, ainsi que l'a très bien souligné M. Quintin, d'obvier aux difficultés de la preuve et de créer une présomption, pendant un certain délai, au profit d'un premier émetteur, non pas sur toutes les informations, comme semblait le croire M. Dieusy, mais sur sa propre information.

M. LE PRÉSIDENT. — Il faut comprendre par « premier émetteur » : l'informateur, l'organisme d'émission, l'organisme de réception et l'agence abonnée.

M. EEMAN. — En ce qui concerne le texte de M. Capitani, il me semble acceptable si on veut cependant changer la place des textes que nous sommes en train d'examiner. Le texte relatif au droit des informateurs trouvera plutôt sa place après l'article 2, comme on l'a proposé; car, en somme, il s'agit ici du pillage de l'éther. Or, dans l'article 2, il s'agit du pillage de l'éther pour le compte de l'émetteur; ici, c'est de l'informateur qu'il s'agit.

M. HOMBURG, *rapporteur*. — C'est, par conséquent, surtout le destinataire qui est en jeu.

M. LE PRÉSIDENT. — Ce sont les deux, solidairement.

M. CARTAULT. — Dans le texte de M. Capitani, il y a une énumération. On dit que le texte s'applique à toutes les informations de presse, financières et autres.

M. CAPITANI. — J'ai reproduit simplement le texte qui nous a été soumis.

M. CARTAULT. — Il faudrait mettre : toutes informations, quelles qu'elles soient.

M. HOMBURG, *rapporteur*. — L'énumération est faite entre parenthèses; par conséquent, elle n'est là qu'à titre indicatif.

M. BOURUET-AUBERTOT. — Dans le texte de M. Capitani, il y a même le mot « et cœtera ».

M. LE PRÉSIDENT. — Je relis le texte de M. Capitani :

« La répression de la concurrence déloyale reconnue en matière com-
« merciale et industrielle par la Convention internationale de Paris,
« revisée à Bruxelles, s'applique à la diffusion des informations de
« presse, finances, publicité, etc., par la voie radioélectrique. »

Nous avons ici le plaisir d'avoir des représentants de grandes agences d'informations, je voudrais savoir si ces représentants de ces agences trouvent que ce texte est suffisant?

M. TABOUIS. — Il y a dans le texte le mot « diffusion »; mais quand une nouvelle est transmise simplement à un correspondant, elle n'est pas diffusée.

M. LE PRÉSIDENT. — Au lieu de diffusion il n'y a qu'à mettre le mot « communication ».

M. CAPITANI. — J'ai pris le mot « diffusion », parce que j'ai tenu compte d'un certain parallélisme avec la protection de la propriété industrielle. Je me suis servi, autant que possible, des mêmes expressions.

M. LE PRÉSIDENT. — Oui, mais quand nous étions dans l'œuvre intellectuelle, littéraire, artistique, nous avions surtout en vue le broadcasting; la diffusion pour le grand nombre c'est l'œuvre théâtrale, l'opéra, qui sera diffusé; tandis que maintenant il s'agit du document d'information qui se transmet à une personne dénommée.

M. Tabouis. — Ce sera justement le cas le plus délicat. La concurrence déloyale sera particulièrement caractéristique quand il n'y aura pas diffusion, mais transmission.

M. Capitani. — J'accepte de mettre le mot « transmission » au lieu de « diffusion ».

M. Homburg, *rapporteur.* — Nous pourrions alors reprendre les termes de ma proposition primitive : « Toute transmission ou utilisation quelconques ».

M. Tabouis. — C'est très bien.

M. Houssaye. — C'est très bien.

M. Bouruet-Aubertot. — Il ne faudrait pas mettre : toute transmission ou utilisation quelconques, mais « toute utilisation quelconque des informations transmises par la voie radioélectrique ».

M. Eeman. — Comme nous ne sommes pas chargés de nous occuper d'autre chose que des transmissions radioélectriques, je crois que nous pouvons nous borner à l'expression qui a été proposée.

M. le Président. — Vous avez l'émetteur, le poste qui émet, l'agence qui a l'information et une série de réceptions reliées à l'agence ; ces postes de réception ont des traités, à leur tour, avec des journaux locaux.

M. Maillard. — Le texte de M. Capitani me paraît rédigé en vue de donner satisfaction à tout le monde. C'est bien le texte de congrès, dans toute sa perfection, pour réunir l'unanimité.

Je crains cependant que, sous cette forme, il ne dise pas tout à fait assez. Il faudrait tout au moins que, dans le texte même, nous renvoyions formellement à la deuxième résolution. Sinon, on ne comprendra pas ce que veulent dire ces mots : « concurrence déloyale ». C'est une phrase très vague.

Il faut qu'il soit bien entendu que c'est comme sanction de ce que nous avons voté au numéro 2.

Je crois que l'un de ces Messieurs proposait de mettre cette rédaction dans l'article 2 ou sous l'article 2. Alors, ce serait parfait.

M. le Président. — Pour le bon ordre de la discussion, je demande si, dans cette enceinte, quelqu'un demande le maintien des conclusions qui étaient présentées sous les numéros 6, 7 et 8 ?

Quelqu'un demande-t-il ce maintien ?

(*Personne ne le demande.*)

Dans ces conditions, le terrain est maintenant dégagé.

M. Homburg, *rapporteur.* — Je ferai une observation pour l'article 8, parce que j'ai cru comprendre que cet article demandait une étude supplémentaire de la part de certains membres qui n'ont pas pu suivre les travaux.

Cet article peut être disjoint et renvoyé à un autre congrès.

M. Houssaye. — Il ne peut pas soulever de difficultés.

M. Homburg, *rapporteur*. — Certains membres ne veulent pas se prononcer, parce qu'ils estiment qu'ils ne sont pas suffisamment éclairés. Nous ne pouvons pas leur refuser de prendre le temps de la réflexion !

M. le Président. — On demande la disjonction de l'article 8.

M. Houssaye. — L'article 8 est très intéressant.

M. le Président. — La rédaction de M. Capitani se substituerait aux articles 6 et 7. L'article 8 crée une présomption.

Dans cette assemblée on a considéré que la question n'était pas mûre et qu'elle devait faire l'objet d'une étude plus attentive. Il ne semble pas qu'à cette heure on puisse se prononcer sur cette disposition. Elle est réservée. Mais nous sommes assez avancés dans notre étude pour que nous puissions nous prononcer sur le texte qui consacrera l'idée commune à tous et sur laquelle l'accord est unanime, à savoir que nous entendons réprimer la concurrence déloyale.

C'est ce que nous propose de faire M. Capitani.

Êtes-vous d'avis d'insérer cette disposition dans l'ensemble des résolutions ?

Nour verrons ensuite à quelle place nous devrons mettre cette disposition qui flétrit la concurrence déloyale.

Je mets la question aux voix. (*Adopté à l'unanimité.*)

M. Eeman. — Oui, mais dans les termes où elle est conçue, cette disposition n'est pas nécessaire, parce que la concurrence déloyale est réprimée partout.

M. le Président. — Dans ces conditions, nous aurions pu faire la même observation pour le droit d'auteur !

Nous sommes dans une matière nouvelle et une matière nouvelle crée des modalités nouvelles, pose des questions nouvelles.

Le fait que nous discutons depuis deux heures sur la question prouve tout de même que si les principes sont certains, il n'était pas inutile d'en parler.

M. Eeman. — J'ai fait cette observation, non pas pour qu'on supprime le texte, mais pour qu'on précise davantage de quelle manière la concurrence déloyale peut être commise et comment on peut la réprimer.

Il me semble que le texte n'est pas suffisamment précis à cet égard.

Me Maillard. — Je ne m'oppose nullement au vote de la proposition de M. Capitani, sous réserve de l'observation que j'ai faite tout à l'heure, à savoir qu'elle soit placée sous l'article 2.

Je demanderai à M. Homburg de recueillir la proposition que j'ai faite comme résumé de mes explications et qui serait ainsi conçue :

« L'émission d'une information de presse ne constitue pas la divulga-
« tion de la nouvelle. Celle-ci ne peut pas être exploitée commerciale-
« ment sans accord avec l'émetteur, tant qu'elle n'a pas été publiée par
« la voie de la presse. L'exploitation illicite sera réprimée par les ac-
« tions contre la concurrence déloyale. »

C'est le résumé de mes explications. Si c'est voté, ce sera aller un peu
plus loin.

M. LE PRÉSIDENT. — Dès maintenant nous considérons que c'est un
commentaire qui peut prendre place immédiatement dans le résumé de
nos travaux.

Il y a unanimité pour dire que la répression de la concurrence déloyale
doit être envisagée.

M. HOUSSAYE. — Si on acceptait le vote de la proposition de M⁰ Maillard, mon collègue de l'agence Reuter fait remarquer qu'on accepterait
ainsi le principe de la divulgation d'une nouvelle dès qu'elle est publiée
par un journal. Or, aux États-Unis, c'est un principe que l'on n'admet pas.
Le fait qu'une nouvelle est publiée à New-York ne donne pas le droit de
l'utiliser, en aucune manière.

Ainsi que l'a très bien expliqué M. Homburg dans son rapport, on ne
peut se servir d'une nouvelle publiée dans un journal qu'à la condition
qu'elle ait perdu toute valeur commerciale. Or une nouvelle publiée à
New-York n'a pas perdu sa valeur commerciale à San-Francisco ou dans
une autre ville.

Ceci est donc insuffisant pour donner satisfaction aux grandes agences
et même aux journaux. Il y a des journaux qui n'autorisent pas la publication de nouvelles qui ont été insérées dans leurs colonnes. Ceci a lieu
aux États-Unis, notamment à New-York. Le *New-York Times* n'au-
torise jamais la reproduction de nouvelles publiées dans ses colonnes.

M. LE PRÉSIDENT. — Vos observations sont très intéressantes, mais je
crois que ce n'est pas l'heure de discuter sur ces résolutions.

Pour le bon ordre de la discussion, je suis obligé de faire voter d'abord
sur le texte qui nous a été soumis. J'ai constaté qu'il y avait unanimité
dans cette salle pour introduire dans nos textes une disposition qui
affirme le principe général de la répression de la concurrence déloyale.
Pour présenter ce principe sous une forme concrète, M. Capitani a
rédigé le texte suivant qui vous a été lu :

« La répression de la concurrence déloyale, reconnue en matière com-
« merciale et industrielle par la Convention internationale de Paris,
« revisée à Bruxelles, s'applique à toute utilisation quelconque des in-
« formations de presse (finances, publicité, etc.) transmises par voie
« radioélectrique. »

M. Houssaye. — Pourquoi ne pas ajouter :

« ... tant qu'elles n'ont pas perdu toute valeur commerciale ? »

M. Homburg. — C'est une autre question.

M. le Président. — En ce moment, vous affirmez simplement la nécessité de réprimer la concurrence déloyale.

M. Houssaye. — Nous acceptons ce texte.

M. le Président. — Y a-t-il opposition à l'adoption de ce texte ?

M. Eeman. — Je pense que l'on ne devrait pas faire cette énumération.

M. Homburg, *rapporteur*. — Remarquez qu'elle est entre parenthèses et qu'il y a l'expression « etc. », cette énumération n'est qu'indicative.

M. Dieusy. — Je demande le maintien de ces mots.

M. le Président. — Quelqu'un demande-t-il encore la parole sur l'amendement que je viens de lire ?

Personne ne demandant la parole, je le mets aux voix. (*L'amendement de M. Capitani est adopté à l'unanimité.*)

Vient maintenant la question de savoir où nous allons placer ce texte.

Mᵉ Maillard, reprenant une proposition qui avait été déjà faite par un collègue, estime que ceci semble être le complément du principe posé sous le numéro 2. Dans ces conditions, ce serait un second paragraphe du 2.

Est-ce que monsieur le Rapporteur fait objection à cette proposition ?

M. Homburg, *rapporteur*. — Nous avons posé dans l'article premier un principe de droit public ; puis, nous avons posé un principe de droit privé. Maintenant, nous entrons dans les applications du principe. Il me semble qu'il faut que nous fassions une tête de chapitre pour chacune d'elles. Nous affaiblissons notre article 2 en lui donnant un caractère particulier pour les informations de presse.

M. Capitani. — Je ne vois aucun inconvénient à ce que ce texte soit placé immédiatement après la résolution numéro 2 ; seulement, il me semble, comme le faisait remarquer M. Homburg, qu'au numéro 1 on a posé un principe de droit public d'ordre général ; ensuite, on a posé un principe de droit privé ; alors on pourrait maintenir la place où cette question a été présentée, mais par ordre d'importance, parce que la propriété industrielle a une importance plus grande.

M. le Président. — Je me demande si nous ne pourrions pas envisager une autre formule.

Nous pourrions, simplement, dans l'article premier, poser le principe général : liberté de l'éther ; ensuite, propriété intellectuelle ; les droits des exécutants ; puis aborder la question de la propriété industrielle et commerciale. Alors, au § 2, les conséquences naturelles en découleraient.

M. Landrien. — On pourrait ensuite mettre un quatrième et terminer par les droits des artistes.

M. LE PRÉSIDENT. — Il semble, en tout cas, que la disposition de l'article 2 doit être rapprochée du texte que nous venons de voter. Alors, comment disposer?

M. HOMBURG, *rapporteur*. — Pour la suite, cela n'a pas d'importance, puisque nous avons pris les questions que nous considérions comme les plus urgentes.

M. LAGOUELLE. — Il faudrait peut-être simplement modifier le titre du chapitre.

M. LE PRÉSIDENT. — Oui, on changerait le titre mais que mettrait-on?

M. HOMBURG, *rapporteur*. — Nous mettrions : « Propriété industrielle et commerciale », bien que le mot « propriété » ne soit pas très heureux. Mais c'est le mot employé par la Convention internationale.

M. LE PRÉSIDENT. — Alors, troisième question : il y a la présomption envisagée par l'article 8.

On paraît considérer que cette question n'a pas été suffisamment étudiée et on demande qu'elle soit renvoyée au prochain Congrès.

M. CAPITANI. — Il me semble qu'il n'y a pas à craindre que la question ne soit pas suffisamment étudiée, parce que je sais que M. Homburg l'a étudiée à fond.

Je crains plutôt que l'application de la radiotéléphonie ne soit pas encore suffisamment développée pour nous permettre aujourd'hui d'affirmer un principe nouveau, même sous la forme atténuée d'une simple présomption de droit. (*Le Congrès se prononce pour le renvoi de l'article 8 à l'étude du Comité.*)

M. LE PRÉSIDENT. — Les résolutions étant votées, nous envisageons les commentaires qui vont être donnés. Je crois que l'on était d'accord sur le commentaire présenté par M. Maillard quand M. Houssaye a fait remarquer que l'observation de M. Maillard allait à l'encontre de la jurisprudence des États-Unis. Comme il s'agit d'un commentaire et que nous voulons rester les fidèles observateurs de la jurisprudence et ne pas entreprendre sur les droits des États, je vous demande de vous concerter avec M. Maillard pour qu'il atténue sur ce point son texte.

M. MAILLARD. — Je ne mets pas ma proposition en discussion, puisqu'une observation a été faite par un de ces messieurs en désaccord avec elle et que nous cherchons en ce moment des votes unanimes.

Je laisse ma proposition entre les mains du secrétaire général et je ne demande pas sa mise aux voix.

M. LE PRÉSIDENT. — C'était une suggestion à inscrire dans le rapport général. Ce sera dans le compte rendu sténographique qui fera part également des restrictions qui ont été formulées.

SÉANCE DE CLOTURE

M. LE PRÉSIDENT. — Messieurs, permettez-moi de vous remercier encore de la bienveillance dont vous avez fait preuve vis-à-vis du président qui a dirigé vos travaux. Vous avez rendu sa tâche singulièrement facile par l'esprit avec lequel vous avez apporté vos observations au cours de nos quatre séances.

Nous avons beaucoup discuté, échangé beaucoup d'idées, non seulement avec une courtoisie parfaite — c'est la tradition — mais, ce que j'apprécie surtout, dans un esprit de cordiale collaboration.

La séance d'aujourd'hui en est un exemple frappant. Nous étions tous d'accord sur des principes généraux et nous étions tous attachés, en dehors de toute préoccupation subjective, à n'envisager que les intérêts généraux. Nous avons tous cherché à donner à nos pensées communes l'expression la plus conforme, la plus claire et surtout la mieux adaptée aux principes qui sont immuables et qui dominent notre pensée.

J'ai eu ainsi la bonne fortune, dans cette séance, de constater l'unanimité qui s'est faite sur toutes ces questions essentielles.

Notre Congrès aujourd'hui est fini, mais notre œuvre se continue, puisque le Comité international de T. S. F. comprend précisément une représentation permanente de vingt-trois États qui sont ici assemblés en une cordiale collaboration! (*Vifs applaudissements.*)

M. EEMAN. — Messieurs, je vous propose de voter des félicitations et des remerciements à notre éminent président. (*Applaudissements répétés.*)

Il est certain qu'il a dirigé nos travaux avec un tact, une habileté et une compétence juridique auxquels nous devons tous rendre hommage. Il y a mis même plus que cela : une courtoisie, une impartialité charmantes et une amabilité toujours souriante qui sont la caractéristique de sa personnalité.

Nous pouvons tous dire que si nous sommes arrivés à des résultats utiles, c'est en très grande partie à notre président et à la manière éminente dont il a dirigé nos travaux que nous le devons.

Je le remercie de tout cœur en votre nom à tous et je crois que tout le monde est d'accord pour lui adresser ses remerciements. (*Nouveaux applaudissements.*)

M. Hossein Hedjazi, délégué de la Perse. — Messieurs, qu'il me soit permis tout d'abord de remercier en particulier M. le Président, le conseiller Tirman, le fondateur du Comité, M° Homburg et les organisateurs de cette conférence, qui se sont ingéniés à faciliter notre tâche et à tous les délégués qui, sans exception, ont témoigné la plus grande sympathie à la délégation de la Perse.

La délégation de la Perse est particulièrement heureuse du résultat de cette Conférence et, aussi modeste qu'ait été son action, elle se félicite d'avoir contribué à ce résultat. Elle se rend compte de l'importance de la question.

Les inventions récentes, que ce soit l'aviation, que ce soit la T. S. F., ont, en matière de législation internationale, posé des problèmes nouveaux. Jadis, le principe de la liberté des mers a donné lieu à des discussion qui ont duré des siècles. Au moment où l'on croyait avoir réalisé l'entente, l'invention du sous-marin a failli remettre tout en état.

Espérons que le principe de la liberté de l'éther que notre Conférence a inscrit en tête de sa déclaration aura un sort plus heureux et qu'il recevra sans tarder l'approbation de tous les gouvernements.

La liberté de l'éther étant acquise, le génie humain fera le reste, et les temps sont proches où grâce à la T. S. F., la pensée pourra être transmise simultanément et instantanément à des millions d'hommes répartis sur toute la surface du globe.

Je donne ici l'assurance que, pour la réalisation de cette œuvre grandiose, le Gouvernement persan apportera tout son concours. (*Applaudissements.*)

M. Dieusy. — Il doit être publié un compte rendu sténographique de tous les actes du Congrès. Je me permets de reprendre une proposition, qui a déjà été acceptée dans d'autres Congrès ; ce serait de reproduire en tête de nos travaux les noms, avec les fonctions, qualités et adresses de tous ceux qui ont participé à nos discussions.

Après avoir collaboré ensemble pendant quelques jours, il semble que nous ne soyons plus des étrangers les uns pour les autres et que ce soit le seul moyen de pouvoir nous retrouver par l'intermédiaire de ce compte rendu. (*Adopté.*)

M. le Président. — Messieurs, comme je vous le disais, notre œuvre continue. Si vous avez des vœux à présenter, le secrétariat général est toujours ouvert. Nous vous prions de lui faire parvenir toutes les suggestions sur les questions que l'on pourrait porter au prochain congrès.

M. Dieusy. — N'y a-t-il aucune proposition pour la ville où se tiendra le prochain Congrès ?

M. le Président. — Quelqu'un a-t-il une suggestion à faire ?

M. Conteil. — Je propose qu'en 1930 il se tienne à Bruxelles, à l'occasion du centenaire de l'indépendance de la Belgique.

M. le Président. — Nous vous inscrivons de suite et nous retenons votre proposition pour 1930 ; mais pour l'année prochaine ?

M. Capitani. — Je suis très heureux de pouvoir déclarer ici, au nom du Gouvernement italien, que notre Gouvernement suit avec le plus vif intérêt les travaux de ce Congrès, auquel il attache une très grande importance et d'exprimer nos remerciments les plus vifs, à vous, monsieur le Président, que j'ai l'honneur de connaître et de rencontrer notamment aux séances de la Chambre de Commerce internationale, au Comité français qui nous a prêté son hospitalité si cordiale et si fraternelle, et à tous les congressistes réunis ici.

J'espère que le prochain Congrès aura lieu l'année prochaine et que vous voudrez bien choisir — je ne voudrais pas mettre ma ville en avant, au détriment des autres, vous êtes libres de choisir, — mais, c'est avec plaisir que je me mets à votre disposition, si vous voulez bien venir nous voir à Rome. (*Vifs applaudissements.*)

M. le Président. — Nous prenons acte de votre proposition et vous en remercions très vivement.

Vous voyez par quels applaudissements le Congrès accueille votre proposition !

Messieurs, notre ordre du jour est épuisé. Je déclare clos le premier Congrès juridique international du Comité international de la T. S. F.

La séance est levée à 18 h. 10.

CONGRÈS INTERNATIONAL DE PARIS 1925

<table>
<tr><td>

TEXTES PROPOSÉS :

I. — Principes généraux

1° L'éther est libre, sous la condition que l'utilisation qui en sera faite ne soit pas de nature à troubler l'ordre public, ni ne fasse obstacle à l'application des mesures propres à assurer la sauvegarde de la vie humaine sur mer ou dans les airs, ni n'apporte de gêne à la liberté des communications tant internes qu'internationales ;

2° Aucune exploitation lucrative d'une émission par une personne à laquelle cette émission n'est pas destinée ne peut avoir lieu sans indemnité.

II. — Propriété intellectuelle, littéraire et artistique. Droits des auteurs

3° Le droit de propriété intellectuelle reconnu par la Convention internationale revisée à Berlin, s'applique à la diffusion de toutes les œuvres intellectuelles par tous modes de transmission ou d'exécution. Il s'applique, par suite, avec toutes ses conséquences, à leur diffusion par radiophonie ;

4° La transmission par radiophonie d'une œuvre intellectuelle, littéraire ou artistique, contre le gré ou à l'insu de l'auteur, est interdite comme tout autre mode de transmission ou de reproduction.

III. — Droits des artistes exécutants

5° La transmission par radiophonie ou par tout autre mode, de l'exécution d'une œuvre littéraire ou artistique ne peut être faite sans le consentement de l'interprète.

IV. — Droit de priorité d'exploitation des informations

6° Le premier émetteur, par radiotéléphonie ou par radiotélégraphie, d'une information (de presse, de finances, de publicité), jouira d'un droit de priorité d'exploitation ;

7° Ce droit comportera le pouvoir exclusif de faire ou d'autoriser toute transmission et toute utilisation quelconques de cette information, tant que la valeur commerciale de celle-ci n'aura pas disparu, sans que cependant la durée de ce droit puisse dépasser vingt-quatre heures à compter de la première émission ;

8° Toute utilisation d'informations faite contrairement aux dispositions qui précèdent sera présumée constituer un acte de concurrence déloyale et sera, comme telle, réprimée par la loi, sans préjudice d'une action en réparation du dommage causé au premier émetteur.

</td><td>

RÉSOLUTIONS VOTÉES :

Liberté de l'Éther

1. L'éther est libre.

Sans préjudice du droit de réglementation qui appartient à chaque État, l'usage de cette liberté ne doit pas avoir pour effet de troubler l'ordre public, de porter atteinte à la sûreté des États, d'empêcher l'application des mesures propres à assurer la sauvegarde de la vie humaine ou d'apporter de gêne à la liberté des communications tant internes qu'internationales.

Propriété intellectuelle, littéraire et artistique
Droits des auteurs

2. Le droit de propriété intellectuelle reconnu par la Convention internationale de Berne de 1886 sur la protection des droits des auteurs, révisée à Berlin en 1908, s'applique à la diffusion des œuvres intellectuelles par tous modes de transmission ou d'exécution. Il s'applique, par suite, avec toutes ses conséquences, à leur diffusion radioélectrique.

Droits des artistes exécutants

3. La transmission radioélectrique de l'exécution d'une œuvre intellectuelle, littéraire ou artistique, ne peut être faite sans le consentement de l'interprète.

Propriété industrielle et commerciale

4. Aucune exploitation commerciale d'une émission radioélectrique ne peut avoir lieu sans entente avec l'émetteur.

5. La répression de la concurrence déloyale reconnue en matière industrielle et commerciale par la Convention internationale de Paris de 1883, révisée à Bruxelles et à Washington, s'applique à toute utilisation quelconque des informations (de presse, de finances, de publicité, etc.), transmises par la voie radioélectrique.

</td></tr>
</table>

TABLE DES MATIÈRES

TOURS. — IMPRIMERIE E. ET P. DESLIS, 6, RUE GAMBETTA.